KB217878

집중력으로
승부하라

결정적인 순간에 **성공**하는 집중의 기술

집중력으로 승부하라

라이프 엑스퍼트 엮음

전경아 옮김

기원전

옮긴이 전경아

중앙대학교를 졸업하고 일본 요코하마 외국어학원 일본어학과를 수료했다.
현재 SBS 번역대상 최종 심사기관으로 위촉된 (주)엔터스코리아 전속 번역가로
활동 중이다.
역서로는 『팀장 대화법』『일근육』『세계장편문학』『새콤달콤 심리학』『트릭의 심
리학(공저)』『세계장편문학』『경영의 핵심을 잡는 20가지 방법』『두근두근 설레
는 영업』 등이 있다.

집중력으로 승부하라

엮은이 ─라이프 엑스퍼트
옮긴이 ─전경아

1판 1쇄 발행일─2011년 12월 10일

펴낸곳 ─기원전 출판사
펴낸이 ─정태경
출판 등록─제 22-495호
주소─서울시 송파구 풍납동 508번지 한강극동아파트상가 304호
전화 ─ 488-0468
팩스 ─ 470-3759
전자우편─giwonjon@hanmir.com
ISBN 978-89-86408-61-4 03320

* 값은 뒷표지에 있습니다.

성공의 성패는 '집중력'에 달려 있다!

아무리 노력을 해도 공부나 일이 원하는 대로 잘 되지 않으면, 재능이 없다고 생각하여 고민하고 포기하기 쉽다. 어려운 문제를 척척 해결해 나가는 친구나 동료들을 보면 부러움과 동시에 자신의 무능을 더욱더 절감하며 체념해 버리는 일도 있다.

하지만 이대로 체념해 버리기엔 아직 이르다. 공부나 일이 뜻대로 잘 되지 않는 것은 재능이 부족하거나 머리가 나빠서가 아니라, 누구에게나 주어져 있는 집중력이라는 힘을 얼마나 최대한으로 끌어올려 발휘하느냐에 달려 있기 때문이다.

머리가 아무리 좋고 요령이 좋은 사람이라도 집중력이 없으면 소용이 없다. 일에서건 공부에서건 성공의 성패는 바로 '집중력'에 달려 있다. 집중력이 있으면 웬만한 일은 쉽게 해낼 수 있다. 그리고 결정적인 순간에 집중력을 발휘할 수 있는 사람은 일이나 공부에서 두각을 나타낼 뿐만 아니라, 실제로도 성공을 거머쥘 수 있다.

세상에는 보통사람들과는 확연히 구별되는 천재라고 불리는 사람

들이 있다. 그런데 천재와 평범한 사람들은 대체 어떻게 다를까? 그
들의 뛰어난 독창력뿐 아니라, 어떤 시련에도 굴하지 않는 집념과 추
진력, 예민하고 섬세한 감각 등을 들 수 있겠지만, 그 중 가장 현실적
인 것으로는 그들이 발휘한 고도의 집중력을 빼놓을 수 없다.

천재의 마음속에 숨어 있는 불꽃 같은 정열과 창조에의 의지는 그
자체로도 놀랍지만, 이것이 현실의 위대한 업적으로 이어진 것은 그
들의 정신이 갖는 고도의 집중력에서 비롯된 것임을 부인할 수 없다.
말하자면 천재란 집중력의 달인이라고도 할 수 있다.

그렇다면, 이 집중력은 천재와 같이 오직 소수의 사람들에게만 주
어지는 신의 은총일까? 물론 타고난 사람도 있지만 노력으로 집중력
을 습득한 사람들도 훨씬 많다.

집중력은 순발력을 낳게 되고, 또 그것은 순간적인 폭발력과 같은
방대한 에너지의 근원이 된다. 햇빛 자체만으로는 종이를 태울 수 없
지만 볼록 렌즈로 초점을 맞추어 투과한 빛은 종이를 태울 수 있다.

인간의 정신력도 이와 마찬가지다. 그 자체로는 대단한 것이 못되
지만 일단 집중력이라는 렌즈 위에서 에너지를 끌어모으면 천재와
같은 위대한 일을 할 수 있을 뿐 아니라 능력이 부족한 사람이라도
충분히 유능한 사람으로 변화할 수 있다.

처음부터 집중력을 갖추고 있지 않은 사람은 없다. 누구나 최적의
조건이 갖추어졌을 때 자기도 모르게 고도의 집중력을 발휘하게 된
다. 중요한 것은 원래 갖고 있는 집중력이라는 힘을 최대한으로 발휘
시키는 기술을 습득하는 것이다. 그렇게 되면 공부나 일에서 느끼는

6

고민의 대부분이 바로 해소될 수 있을 것이다. 다만, 이 집중력을 방해하는 여러 가지 요인이 존재하는데, 그것을 철저히 규명하고 없애려는 노력을 기울여야 한다.

집중력이나 기억력은 훈련에 의해 얼마든지 향상시킬 수 있다. 단, 어떤 새로운 습관을 익히고 훈련하는 것은 결코 잠깐 사이에 이루어지지 않는다. 여러 가지 방해 요소나 유혹들을 물리치고 자신에게 알맞은 조건을 찾아 지속적으로 노력하면, 누구나 깜짝 놀랄 만한 집중력의 소유자가 될 수 있을 것이다.

개인에 따라 주변 환경이나 성향 등의 조건이 다 다르기 때문에 어떤 한 가지 방법이 모두에게 맞는 것은 아니다. 그러므로 집중력이 부족하다고 고민하는 사람이라도 자신에게 맞는 방법을 찾아서 뛰어난 집중력을 발휘할 수 있게 되길 바란다.

CONTENTS

part 2 의욕을 이끌어내는 16가지 집중비결

part **8** 건강한 뇌를 만드는 7가지 식생활 비결

집중력을 향상시키는 12가지 기본 습관

1. 목표를 구체적으로 써놓고 자주 읽어보라

2. 뇌를 '기분좋은' 상태로 만들어라

3. 자신만의 '집중 존(zone)'을 파악하라

4. 성공 확률을 보고 목표를 조금씩 높여 설정하라

5. 목표는 '장기·중기·단기'로 세분화하라

6. 자신의 목표를 주위사람에게 공언하라

7. '나를 위한 시간'을 하루 30분이라도 확보하라

8. 준비 효과를 위해 미리 가벼운 워밍업을 하라

9. 일하기 전 '의식적인 동작'으로 기분을 전환하라

10. 질 좋은 수면으로 머리를 충분히 쉬게 하라

11. 아침식사는 평소 양의 60%로 약간 부족한 것이 좋다

12. 비타민 B12를 섭취하여 집중력을 높여라

part
1

집중력을
향상시키는
12가지
기본 습관

1 목표를 구체적으로 써놓고 자주 읽어보라

집중력을 발휘하여 공부나 일에 매진하기 위해서는 그 목표가 아주 구체적이면서도 명확해야 한다. 신경을 집중시키고, 능력을 발휘하도록 만들려면 목표를 명확히 하는 것이 무엇보다도 중요하다.

미국의 저명한 창조성 개발의 이론가이며 실천가인 A. L. 진버그(A. L. Zinberg)는 목표를 명확하게 하는 방법으로,

① 기록한다. 목표의 문제점을 가능한한 많이 열거한다.

② 의문을 품는다.

③ 정확한 목표를 선택한다.

즉, 근본적이고 포괄적인 목표를 먼저 선정한 다음 참된 목표를 찾을 것을 주장하고 있다. 이 중에서 목표를 명확히 하는 방법으로 특히 기술(記述)의 중요성을 강조했다. 머릿속으로만 생각한 목표는 의외로 윤곽이 뚜렷하지 않아서 목표나 문제점이 눈에 확 들어오지 않는다. 가령, 머릿속에 떠오른 아이디어를 막상 기획안으로 만들어보면 부족한 부분이 보인다거나, 뒤죽박죽이던 생각이 편지를 쓰는 동안에 정리되었던 경험이 있을 것이다.

머릿속에 있는 '생각' 은 허상과 같다. 따라서 설정한 목표도 직접 손으로 써보면 손에 잡힐 듯이 구체화된다. 그러면 목표가 한층 분명해지고 실현 가능성도 월등히 높아진다.

또한 목표를 구체적으로 적어보면, 핑계거리가 사라진다. 인간이란 제멋대로라서, 목표한 대로 일이 진행되지 않으면 제 마음대로 목표를 변경해 버리기 쉽다.

예를 들어, 다이어트를 하기로 결심해 놓고 막상 눈앞에 케이크가 보이면 '오늘은 먹고, 내일부터 해야지.' 라고 계획을 손바닥 뒤집듯이 바꾸거나, 매일 영어 공부를 하자고 다짐해 놓고 야근이 계속되면 '오늘은 피곤하니 주말에 몰아서 하자.' 라는 식으로 미루기 쉽다.

이래서는 집중력을 발휘하기는커녕 목표를 세우기 전과 조금도 다를 바가 없다. 하지만 목표를 글로 써두면, 자신과 타협하기 어렵다. 글로 써놓은 목표를 다시 읽어보며 진척 상황을 확인할 수 있을 뿐 아니라, 의욕이 없을 때는 다시 한번 해보자는 의욕도 솟아날 것이다.

연도별, 월별 계획을 도표로 그려보는 것도 한눈에 시각적으로 상황을 파악할 수 있으므로 많은 도움이 된다.

태양을 향해서 화살을 쏘는 자는
비록 태양을 맞추지는 못할지라도
자기 키 높이만큼의 과녁을 겨냥하는 사람보다는
더 높이 쏘아올릴 수 있다.

2 | '좋은 기분' 이 집중력을 향상시킨다

관심 있는 일에 열중하고 있을 때, 뇌는 '기분좋은' 상태가 된다. 이때 뇌에는 TRH(갑상선자극호르몬방출호르몬)이 분비되는데, 이것은 '의욕호르몬'이라고도 불리는 뇌내물질로서 집중할 수 있는 상태를 만들어주는 열쇠이다.

그 밖에도 활발하게 분비되는 것이 있는데, 쾌감을 증폭시키는 신경전달물질인 도파민이 바로 그것이다. 사람은 쾌감을 느끼면, 뇌에서 도파민이 생성된다. 그러면 쾌감신경계의 스위치가 작동되어 뇌가 각성되고, 집중력이 높아진다. 흥미나 관심 있는 일에 저절로 몰두할 수 있는 것은 이러한 뇌의 작용 때문이다.

하지만 지금 하고 있는 작업이 재미가 없을지라도, 다른 이유로 뇌가 기분좋은 상태가 되면 집중력은 높아질 수 있다. 예를 들어, 사랑하는 사람이 있다든가 어떤 개인적인 일이 순조롭게 진행되고 있을 때는 평소에 하기 싫던 일도 힘들다고 느끼지 않는다. 또한 직장 내의 분위기가 좋으면, 좋은 기획안이 떠오르기도 한다. 좋은 기분이 집중력을 향상시켜서 능력 이상의 결과를 가져오는 것이다.

집중력을 발휘하기 위해서는 이런 좋은 기분을 잘 이용해야 한다. 어떻게든 뇌에 상쾌한 자극을 줘서 '쾌감을 느낀다 → 집중력이 향상된다'는 공식을 이용하는 것이다. 기분을 좋게 만드는 것이 우선이기 때문에, 기분이 좋아지는 일이라면 무엇이든 한다.

예를 들어, 날씨가 좋은 날에 꽃구경을 하면서 밖에서 점심을 먹는다거나, 좋아하는 음악을 듣는다거나, 평소에 즐겨보는 잡지를 읽는다거나, 맛있는 커피를 마시러 간다거나, 담배를 한 대 피운다거나, 동료와 잡담을 한다거나, 친구와 놀러 갔을 때의 즐거웠던 추억을 떠올리거나 등등 어떤 방식으로든 기분을 좋게 만든다. 억지로 기분을 바꾸겠다고 생각하지 말고, 자신이 진심으로 즐길 수 있을 만한 것을 찾는다.

집중력이 떨어지면 의욕을 잃기 쉽고, 기분도 '좋을' 때보다는 '불쾌'할 때가 많다. 우울한 기분으로 의욕이 생기길 기다려봐야 시간 낭비일 뿐이다. 그럴 때는 적극적으로 유쾌해지도록 노력한다.

단, 주의할 점이 한 가지 있다. 하기 싫은 일을 끝내고 기분좋은 상태가 되었다면, 즉시 해야 할 일에 착수할 것!

모처럼 기분이 좋아졌는데 유쾌한 일에만 몰두하면 의미가 없다. 옆길로 새는 것은 어디까지나 집중력을 이끌어내기 위한 워밍업이라는 사실을 잊어서는 안 된다.

도파민의 효과

일본의 고승들이 참선(명상)할 때 그들의 뇌파를 직접 측정해본 결과, 참선이 뇌 전체를 이완시킴과 동시에 우뇌를 활성화시킨다는 사실이 밝혀졌다. 우뇌가 활성화됐을 때의 생리적 효과를 '도파민 효과'라 하는데, 도파민 호르몬이 분비되면 기분이 좋아지고 의욕과 창조력이 증대된다고 한다. 이때의 뇌파를 측정하면 알파파 상태이다. 이 알파파는 사람이 잠들기 직전 또는 명상과 같이 마음이 지극히 안정적일 때에만 나타나는데, 우리들이 무엇을 기억한다든가 염원하는 데 가장 효율적인 시간이 바로 이때다.

스트레스에 좋은 음식

- 긴장했을 때 : 신경을 안정시켜 주는 탄수화물, 칼슘을 섭취하면 좋다. 탄수화물은 심신이 안정됐을 때 많이 분비되는 신경전달물질인 세로토닌이 많이 나오도록 도와준다. 뇌에서 세로토닌 생성이 부족하면 감정이 불안정해져 불면증에 시달릴 수 있다. 필수 이미노산인 트립토판도 신경을 안정시키는 작용을 하는데 우유, 달걀노른자, 아몬드 등에 많이 들어 있다.
- 화가 날 때 : 화가 나면 교감신경이 흥분하게 되는데 고추의 매운 맛을 내는 캡사이신 성분이 뇌의 교감신경을 자극해 아드레날린과 엔돌핀 생성을 촉진시켜 기분을 좋게 만든다.
- 우울할 때 : 엽산을 만들어주는 오렌지주스를 충분히 마시면 좋다. 초콜릿은 신경을 안정시켜 주는 마그네슘과 기분을 좋게 해주는 엔돌핀이 들어 있어서 짧은 시간에 우울한 기분을 해소하는 데 도움이 된다.

3 자신의 '집중 존(zone)'을 파악하여 활용하라

집중한다는 것은 무엇엔가 몰입하여 주위에 전혀 신경쓰지 않고 하던 일을 계속하는 것을 말한다. 가령, 누군가 말을 거는데도 알아차리지 못하고 일에 몰두하거나, 잠자는 것도 먹는 것도 잊은 채 컴퓨터 게임을 하거나, 골프 경기에서 주위 환경에 좌우되지 않고 퍼트를 할 때가 그렇다.

우리가 한 가지 일에 전념할 수 있는 이유는 뇌가 다른 감각이나 기능을 최대한 억제하기 때문이다. 그럴 때는 자신의 힘을 100% 혹은 그 이상으로 발휘할 수 있다. 이런 집중력을 지속시킬 수만 있다면, 누구나 하루하루를 충실히 보낼 수 있을 것이다.

하지만 안타깝게도 집중력은 그렇게 오랫동안 지속되지 않는다. 우리의 뇌와 육체는 몇 시간 동안 계속해서 집중하는 것을 감당하지 못하기 때문이다.

집중력을 유지하는 시간은 개인차가 크다. 어떤 사람은 15분, 또 어떤 이는 90분 동안 한 가지 일에 몰두할 수가 있다. 여기서 중요한 것은 집중력을 얼마나 오랫동안 유지하느냐가 아니라, 요소요소에 얼마나 효과적으로 집중력을 발휘할 수 있느냐 하는 것이다.

이를 위해서는 환경을 개선하거나 정신적인 조절 능력을 갖춰야 한다. 그런데 그 전에 먼저 해야 할 일이 하나 있다. 먼저 자신이 완전히 몰입하는 상태, 즉 언제 어떤 환경에서 자신이 '집중 존(zone)'에 드는지 그 조건을 파악하는 것이다. 집중력을 발휘하는 데는 기복이 있고, 또한 그 조건도 사람마다 다르기 때문에 자신이 집중을 잘 할 수 있는 상태를 파악하여 그 조건을 기억하고 있어야 한다. 이는 일종의 이미지트레이닝으로, 의외로 효과가 크다.

집중이 잘 되던 상황을 한번 떠올려보자. 주변 환경은 어떠했는가? 그때의 몸 상태나 기분은(편안했다, 즐거웠다 등등) 어떠했는가? 그때 뭔가 특별한 습관이 있었는가? 머릿속으로만 떠올리는 데 그치지 말고, 그때의 상황을 기록해보는 것이 좋다. 이렇게 자신의 '집중 존'을 파악해 두면 마음이 불안하거나 심란할 때도 쉽게 궤도 수정을 할 수 있다. 물론 처음에는 어렵겠지만, 두세 번 반복하는 동안 기분을 조절하고 전환하는 능력을 습득할 수 있을 것이다.

집중력은 한 주 동안에도 기복이 있는데, 흔히 '블루 먼데이(blue monday)'라고 해서, 월요일이 되면 출근하기도 싫고 능률까지 떨어지는 것이 바로 그 예이다. 그런데 한 실험에 의하면, 집중력이 떨어지는 날은 월요일이 아니라 피로가 몰리는 주말이라고 한다. 그리고 오히려 월요일 오전에 집중력이 가장 좋다고 하는데, 이 또한 자신의 집중 존을 파악하는 데 유용한 정보가 될 것이다.

4 성공 확률을 보고 목표를 조금씩 높여 설정하라

　우리가 집중력을 발휘할 때 뇌에서는 TRH라는 '의욕호르몬'이 분비된다는 것은 앞에서도 얘기했다. '의욕'이 집중력의 원동력이라는 사실은 경험을 통해서 대부분 알 것이다. 하기 싫은 일이나 공부를 할 때는 집중하려고 해도 마음대로 안 된다. 반면에, 흥미롭거나 관심 있는 일을 할 때는 절로 의욕이 샘솟고, 애써 노력하지 않아도 집중이 잘 된다. 따라서 집중력을 발휘하기 위한 준비 단계로, 제일 먼저 목표를 설정하는 것이 얼마나 중요한지 알 수 있다.

　예컨대, 영업팀에서 최고의 판매왕이 되겠다거나, 올해 안에 반드시 자격증을 따겠다는 식으로 달성해야 할 목표를 정하는 것이다. 그러면 이를 실현하려는 욕구가 생기면서 뇌에서 의욕호르몬이 분비된다. 그리고 비로소 집중력이 발휘되는 것이다.

　그런데 '의욕'이라는 다소 변덕스러운 호르몬을 작용시키려면 목표를 높게 잡는 것이 좋을까, 아니면 쉽게 달성할 수 있을 정도로 낮게 잡는 것이 좋을까?

　미국의 심리학자 레빈(Kurt Lewin)은 성취감과 좌절감에 관한 연구에서, 인간의 의욕은 '요구 수준'을 충족했는가 그렇지 못한가에 크게 좌우된다고 했다. 여기서 '요구 수준'이란 이루어지기를 간절히 바라는 목표를 말한다.

목표란 매우 주관적인 것이다. 예컨대, 'TOEIC에서 600점 이상의 점수를 받겠다' 라는 목표는 어떤 사람에게는 도달하기 어려운 꿈 같은 점수지만, 누군가에게는 누워서 떡먹기일 수도 있다.

레빈은 요구 수준이 너무 높으면 '성공 확률'이 줄어들어 의욕이 저하되고, 반대로 너무 낮으면 하찮게 생각하는 바람에 역시 의욕이 생기지 않는다고 말한다. 결국 의욕을 잘 이끌어내려면, 무엇보다도 이 '성공 확률'이 관건인 셈이다.

따라서 목표를 신중하게 설정하지 않으면 안 된다. '실패할 수도 있지만, 최선을 다한다면 성공해서 큰 성취감을 맛볼 수 있을 거야.' ―이 정도의 수준으로 목표를 설정하는 것이 바람직하다.

어제 '100'의 일을 했는데 오늘 갑자기 '200'의 일을 한다면 어떻게 될까? 목표를 너무 높게 설정한 탓에 성취감은커녕 남은 의욕마저도 달아나 버릴 것이다. 물론 '50'으로 설정해서도 안 된다. 자칫 방심해서 일에 몰두하기 어렵기 때문이다. '어렵겠지만 노력하면 성공할 수 있어.' 라고 생각되는 '110'이나 '120' 정도가 좋다.

그렇게 조금씩 수준을 높이다 보면, 목표를 달성하는 회수도 점점 늘어날 것이다. 차곡차곡 축적된 성공 체험은 집중력을 발휘하는 데 큰 힘이 된다.

자신의 목표를 설정하는 방법

1. 목표 세우기 : 목표를 세울 때는 가능한한 구체적이어야 한다. 또한 평가할 수 있고 실현 가능성이 있는 목표를 정한다. 장기 목표와 단기 목표로 나누고 데드라인을 분명히 하는 것이 좋다.

2. 우선 순위 정하기 : 자신의 생활에서 중요한 순서대로 우선 순위를 정한다. 처음 설정한 큰 목표와 작은 목표에 따라 우선 순위를 정하자.

3. 계획 세우기 : 월중계획표, 주중계획표, 일일계획표를 만들어 자주 볼 수 있는 곳에 두고 항상 체크한다. 잠자기 전 그날의 일일계획 실천 여부를 검토한다. 그리고 비슷한 작업은 비슷한 시간대에 편성하여 신체 리듬에 맞춰 유연성을 유지하도록 한다.

4. 실천하기 : 너무 무리한 계획은 실천 가능성이 낮아질 수 있으므로 시간에 쫓기지 않도록 조금 여유있게 해야 일을 미루지 않게 된다. 계획에 따른 실천은 성취욕과 자신감을 가질 수 있게 해주므로 다음 계획의 진행에 도움이 된다.

5. 긍정적인 생각으로 하루를 시작하고, 일하고, 끝마치도록 한다.

5 큰 목표는 '장기·중기·단기'로 세분화하라

　누구에게나 원대한 목표는 하나씩 있기 마련이다. 그런데 그것이 단지 목표로만 그쳐 버려서는 안 된다.

　자, 지금부터 메모지를 꺼내 자신의 목표를 적어보자.

　무엇을, 언제까지, 어떻게 하겠다.

　목표에는 반드시 달성 시기가 포함되어야 한다. 언제까지 이루겠다는 시한이 없으면 그것은 목표가 아니라 하나의 꿈일 뿐이다.

　목표를 세울 때는 너무 높게 세우면 좌절감만 커지고, 의욕마저 잃어버리기 쉽다. 또한 목표가 너무 낮아도 긴장감이 없어 의욕이 솟지 않는다. 조금 어려울 정도로 목표를 설정할 때 '의욕 호르몬'이 지속적으로 분비되어 착실하게 꾸준히 노력을 계속할 수 있다.

　일단 목표가 세워졌으면, 큰 목표를 세분화해야 한다. 즉, 큰 목표를 설정한 뒤에 그것을 다시 단기 목표로 나누는 것이다. 처음에 세운 큰 목표를 달성하기 위해서 반드시 해야 할 일이 무엇인지 생각해 본다. 그러면 1년 후의 목표나 한 달 후, 일주일 후, 그리고 오늘은 무엇을 해야 할 것인지까지 구체적으로 계획을 세울 수 있다.

이렇게 큰 목표를 구체적으로 나누어 한 단계씩 올라가면 상당한 집중력을 발휘할 수 있다. 최종적인 목표에 도달하기 전에 작은 목표를 만들어 놓음으로써 성취감을 맛보는 횟수도 많아져 의욕 또한 상승세를 타게 된다.

한편, 목표를 나눌 때는 시간대별로 나누는 것이 좋다. 가령, 목표 달성 시기를 '1년 후'로 설정했다면, 반 년 후 가깝게는 3개월 후와 같이 '장기 · 중기 · 단기'로 나눠 목표를 설정하라. 물론 장기 · 중기 · 단기의 기간은 최종 목표에 맞추어 자기 마음대로 정할 수 있다.

'내 가게를 갖고 싶다'는 목표를 설정했다면 목표 달성 시간을 3년 후로 할 것인지, 1년 후로 할 것인지, 아니면 반 년 후로 할 것인지에 따라서 중기나 단기의 시간과 목표의 내용이 달라지게 될 것이다.

다시 말하지만, 큰 목표 하나만 달랑 세우는 데 만족하지 말고, 과제를 세분화하라. 이것이 바로 집중력을 효과적으로 발휘할 수 있는 비결이다.

첫째는 그 일이 자기에게 맞아야 하고,
둘째는 그 일을 지나치게 많이 하지 말아야 하며,
셋째는 그 일에서 성취감을 맛보아야 한다.

6 자신의 목표를
주위 사람에게 공언하라

　집중력을 발휘할 수 있는 또 다른 목표 설정 방식은 목표를 세운
후 주위 사람들에게 공언하는 것이다.

　글로 써두는 방법도 스스로 변명거리를 만들지 못하게 하는 근거
가 되지만, 공언을 해두면 주위에 확실한 증인이 생기는 셈이다.

　'저 사람은 허풍만 늘어놓고, 도무지 믿을 수 없는 친구야.' 라고 손
가락질받고 싶은 사람은 없을 것이다. 이렇게 처음부터 도망갈 구멍
을 막아두면, 한층 의욕이 생겨 내재되어 있던 능력을 발휘하게 될
것이다.

　물론 자신감 넘치는 공언은 웬만큼 자신감이 없으면 하기 힘든 것
이 사실이지만, 자신감이 부족하더라도 목표를 말하고 나면 그것이
목표를 달성하는 데 큰 원동력이 될 수도 있다.

　어떤 목표에 대하여 일단 공언하고 나면, 스스로 긍정적인 암시를
주는 효과가 있어 자신감이 생긴다. 그리고 자신감이 생기면, 주위에
서도 점점 '본인이 그렇게 말한 이상 하고도 남아.' '그 녀석이라면
틀림없이 해낼 거야.' 라고 생각하게 된다. 그러다보면 어느새 목표

를 달성했다는 전제 하에 말을 걸어오기도 한다. 이 또한 본인에게는 긍정적인 암시 효과가 될 것이다.

다만, 안 되는 일을 무리하게 하려고 들면 그때야말로 어려운 상황에 직면한다. 열심히 최선을 다한 다음에는 '잘 되겠지.'라고 긍정적으로 생각하는 것이 중요하다.

지금은 한 유명 기업체의 회장인 어떤 사람이 학교를 졸업하고 막 회사에 입사하였을 때, 동료 친구들에게 "나는 사장이 될 것이다."라고 공언했다고 한다. 그렇게 공언한 이상 사나이로서 결코 물러설 수 없다고 생각한 그는 오로지 사장이 되겠다는 목표 하나를 향해서 다른 사람보다 몇 배의 노력을 하며 달려왔다.

그 결과 자기의 목표를 꼭 달성하고자 하는 열망이 식지 않고 매일매일 충실한 나날을 살 수 있었다. 마침내 한 회사의 사장이 되었고 현재는 은퇴하여 회장직에 있지만, 신입사원 환영식이 있을 때마다 그는 아직도 "회사에서 일생을 보내려면 내 최후의 목표는 사장이라는 마음가짐을 가져야 한다."라고 격려를 아끼지 않는다고 한다.

누구나 일시적인 좌절을 수없이 경험하고
때로는 처절한 실패를 경험한 후에야 성공을 획득하게 된다.
좌절감에 짓눌릴 때 그 좌절감을 가장 쉽게 이겨낼 수 있는
가장 합리적인 방법은 포기하는 것이다.

7 '나를 위한 시간'을 하루 30분이라도 확보하라

시간만큼 만인에게 공평한 것이 없다.

부, 재능, 운 등은 사람에 따라 많기도 하고 적기도 하여 불공평하다고 불평하는 사람일지라도 시간에 대해서만큼은 그렇게 말할 수 없을 것이다. 나에게 주어진 한 시간은 세계적인 대부호에게도 똑같은 한 시간이고, 감옥에 갇혀 하루하루 보내고 있는 사형수에게도 역시 똑같은 속도로 흐르고 있다.

집중력이 좋은 사람은 주어진 하루 24시간을 잘 활용하여, 회사에서뿐만 아니라 회사 밖에서도 자신의 실력을 유감없이 발휘한다.

일하느라 바빠서 개인 시간까지 충실하게 보내는 것은 무리라고 말하는 사람이 있는데, 그런 사람일수록 집중을 잘 하지 못하고 시간을 낭비하는 습관을 가졌을 확률이 높다. 일을 잘 하는 사람은 바쁜 와중에도 자신이 하고 싶은 일을 병행하며 즐겁게 산다. 시간을 효율적으로 활용하여 적재적소에 집중력을 발휘하기 때문이다.

세계 최대의 스포츠 에이전트인 IMG의 창업자, 고(故) 마크 매코

믹(Mark McCormick) 씨도 늘 바쁜 스케줄 탓에 몸이 두 개라도 모자 랐다고 한다. 하지만 그는 바쁜 와중에도 하루에 한 시간씩은 반드시 테니스를 쳤다. 분초를 다투며 일하는 그에게 한 시간은 매우 큰 시 간이다. 어떻게 그런 시간을 낼 수 있었을까? 그것은 그가 처음부터 보통 사람들과 다른 사고방식을 갖고 있었기 때문이다.

보통 사람들은 대개 일하는 시간을 먼저 계획하고, 남은 시간을 쪼 개어 개인적인 일을 본다. 하지만 그는 하루 한 시간씩 좋아하는 테 니스를 치기 위해서 나머지 시간에 정말 바쁘게 일했다고 한다.

즉, 먼저 '나를 위한 시간'을 확보한 다음에 스케줄을 조정했다는 말이다. 그것이 그를 일에 집중시키고, 비즈니스에서 그의 능력을 최 대한으로 발휘하게 만든 원동력이 되었던 것이다.

그러니 하루에 30분만이라도 '나만의 시간'을 만들어보는 것이 어떨까? 아무리 바빠도 그 정도의 시간은 낼 수 있을 테니까 말이다.

처음부터 그렇게 정해놓으면, 30분을 즐기기 위해서 지금 하는 일 에 더욱 집중할 수 있을 것이다.

그리고 30분이라도 자유로운 시간이 생기면, 스트레스도 해소되 어 기분이 새로워질 것이다. 그러면 다음 일을 할 때도 집중이 잘 된 다. 이것이 반복되면 자연스럽게 집중력을 발휘하는 사이클이 생기 기 시작하고, 마침내 습관이 되면 집중하는 것은 그다지 어려운 일이 아닐 것이다.

8 | 준비 효과를 위해
미리 가벼운 워밍업을 하라

    어떤 사람은 전철에서 꾸벅꾸벅 졸다가 회사에 도착한다. 또 어떤 사람은 신문이나 책을 읽으면서 회사에 도착한다. 둘 중에 누가 업무 시작과 동시에 바로 일하는 자세를 갖출 수 있을까? 물론 후자이다.

    워밍업이란, 말하자면 정신적 에너지를 일정한 방향으로 향하게 하기 위한 물길을 만드는 것과도 같다고 할 수 있다. 워밍업을 반복함으로써 머릿속의 잡념이 조금씩 사라지고 정신의 흐름이 차츰 한 방향으로 정돈되어 간다. 그럴 때 일이나 공부에 착수를 하면 쉽게 집중이 될 것이다.

    집중력은 일을 시작하고 본격적인 힘이 나올 때까지 어느 정도 시간이 걸리기 마련이다. 최고 수준을 '10'이라고 했을 때, 집중하자고 마음먹자마자 단숨에 '10'으로 끌어올릴 수 있는 사람은 없다. 높이뛰기를 할 때처럼, 좋은 기록을 내려면 도움닫기가 선행되어야 한다.

    따라서 출근길의 전철에서 책을 읽는 것은 집중력을 발휘하기 위한 최적의 워밍업이라 할 수 있다. 다만, 워밍업을 할 때 지나치게 힘을 써서는 안 된다. 편안한 상태에서 가볍게 한다는 생각으로 하는 것이 좋다. 너무 열심히 하다 보면, 회사에 도착할 때쯤 벌써 지치게 될 테니까……

육상 선수들이 맨손으로 몸의 근육을 풀고 가볍게 뛴다든가, 단거리 선수의 경우 스타트 연습을 몇 번 반복해 보는 것도 같은 이치다. 그들은 이러한 워밍업을 통해 실제로 경기를 할 때의 집중력을 향상시키는 것이다.

일을 하고자 할 때도 정신 집중이 안 되고 산만해지려 할 때는 우선 익숙해져 있는 책을 읽는다거나 또는 손에 익은 일부터 시작한다. 그러는 동안 본격적으로 공부나 일을 할 마음의 자세가 만들어진다.

해야 할 공부나 일에 곧바로 착수하지 않고 그 전에 미리 뭔가 다른 방법으로 또 다른 대상에 의해 잡념을 없애고 조금이라도 집중력을 높여가면 그 결과 원래 해야 할 공부나 일에 쉽게 집중할 수 있다.

일종의 '준비 효과'인데, 뭔가 마음이 안정되지 않고 집중이 안 될 때에는 이러한 방법이 효과적이다. 워밍업은 손쉽게 준비 효과를 가져오는 방법이지만, 너무 복잡하고 머리를 많이 쓰는 것은 피하는 것이 좋다. 예를 들어, 전철 안에서 오늘 무슨 일부터 할까 머리를 쓰다 보면, 막상 일을 할 때 집중하지 못한다. 퇴근 후 집에 돌아가 영어 공부를 하기로 마음먹고 오는 길에 영자신문을 읽으면, 비슷한 행동을 통해 만족을 얻기 때문에 본래 해야 할 일에 대한 의욕을 잃어버릴 수도 있다. 따라서 워밍업은 하려던 일이나 공부와는 관계가 없는 것으로 하는 것이 오히려 좋다.

하루를 시작하는 워밍업

1. 아침에 눈을 뜨면 약 3분 정도 에너지를 몸에 축적하는 느낌으로 호흡을 한다. 즉 우주나 자연의 에너지가 몸에 가득 차는 느낌으로 숨을 들이쉬고 내쉬면서 활력이 넘쳐나는 암시를 한다.

2. 눈을 감고, 머리 속으로 원을 하나 그려서 그것을 바라보며 그날의 할 일이나 계획을 떠올린다. 오늘뿐만 아니라 장기적인 미래 계획을 세워도 좋다. 일종의 이미지트레이닝으로, 반수면상태는 잠재의식과 가까이 있기 때문에 평소에 생각지 못했던 좋은 아이디어나 계획이 떠오를 수 있다. 너무 오래 하면 다시 잠들 수 있으므로 3분 정도 가볍게 하는 것이 좋다.

3. 신진대사를 원활하게 하기 위해 몸풀기 체조를 한다. 아침에 잠에서 막 깨어나면 우리 몸은 아직 활동할 준비가 되어 있지 않다. 정신과 함께 몸도 반수면 상태에 있기 때문이다. 따라서 눈뜨자마자 벌떡 일어나면 몸에는 그만큼 무리가 오게 된다. 몸을 가볍게 풀어주면 본격적인 활동을 하기 전의 워밍업이 되어 보다 상쾌한 기분으로 하루를 시작할 수 있을 것이다.

9 일하기 전 '의식적인 동작'으로 기분을 전환하라

중요한 프레젠테이션을 하기 전에 넥타이를 다시 매만진다거나, 중요한 데이트 전에 립스틱을 다시 바르는 것은 어떤 일을 하기에 앞서 마음을 다지는 행동이라고 할 수 있다. 그래서 비록 무의식적인 행동이라도, 그때까지의 기분을 확 바꿀 수 있는 중요한 동작이 되는 것이다.

스포츠 선수 중에는, 이렇게 기분을 전환하는 동작이 하나씩 있어서 결정적인 순간에 이것을 의도적으로 활용하는 사람이 상당히 많다고 한다.

예를 들어, 교진(巨人)의 구와타 선수는 마운드 위에 올라가서 공을 던지기 전에 공을 바라보며 뭐라고 중얼거린다. 이렇게 공에 말을 거는 것이 구와타 투수에게는 집중력을 높이는 동작인 셈이다.

또 어떤 투수는 마운드에서 투구 연습을 하는 동안 처음에 무슨 공을 던지고 마지막에 무슨 공을 던질지 결정한다고도 하고, 어떤 타자는 타석에 들어가기 전에 반드시 몸을 굽혔다 폈다 하는 운동을 한 다음 일정한 자세와 걸음걸이로 타석에 들어선다고 한다. 또한 골프에서는 샷에 들어가기 전에 일관된 동작을 하는 것이 잘 치는 비결이라고 하는데, 이를 '프리 샷 루틴(pre shot routine, 샷을 하기 직전까지 일련의 준비동작)'이라고 한다.

이러한 동작을 매번 의식적으로 하는 것은 멘탈 트레이닝의 일종으로 '조건부여'라고 한다. 조건부여란, 매번 정해진 동작을 하면 조건반사적으로 집중력이 환기된다는 이론이다.

일에 집중하고 싶을 때도, 이 '조건부여'를 적용하면 상당한 효과를 볼 수 있다고 한다. 이번 기회에 각자 자신만의 '의식적인 동작'을 만들어보면 어떨까?

예를 들어, 화장실에서 벨트를 다시 맨다거나, 찻집에서 커피를 한 잔 마시고 출근한다거나, 심호흡을 한다거나, 주먹을 쥐었다 편다거나, 어깨를 한껏 움츠렸다가 쫙 펴는 것도 훌륭한 동작이 될 수 있다.

그러니 각자 자신에게 맞는 동작을 하나씩 만들어보자. 자기 나름대로 의식적인 동작을 정해서 행동으로 옮기면, 일에 착수하는 시간이 한결 빨라질 것이다.

그리고 머지않아 정해진 의식적 동작을 하기만 해도 집중해서 일을 할 수 있을 것이다. 몸으로 기억시킨 동작이 기분을 전환하는 스위치가 될 테니까 말이다.

모티베이션(motivation)

모티베이션은 '사기' '욕구' '동기부여' 등과 같은 말로 바꾸어 표현할 수 있다. 따라서 만약 모티베이션이 낮다면 그 목표에 대한 목적의식도 당연히 낮아질 수밖에 없다. 체력 트레이닝이나 기술 트레이닝에 있어서도 마찬가지인데, 분명하고도 확실한 목적의식을 갖고 있느냐 그렇지 않느냐에 따라 얻어지는 결과는 매우 다르다. 즉, '마음가짐'에 따라서 얻어질 수 있는 효과나 결과는 달라질 수밖에 없는 것이다.

모티베이션 향상 훈련 방법

– 이미지트레이닝 : 시합이나 수련을 앞두고 편안한 마음 상태에서 눈을 감고, 실제 자신이 경기장에서 시합을 하고 있다는 상상을 한다. 또, 자신의 기량이 최고조에 달해 있어 대전 상대마다 모두 한방에 쓰러뜨리는 모습을 상상하거나, 시합에 우승하여 시상대에 서 있는 모습 등의 '플러스 이미지'를 가능한한 구체적으로 머리 속에 그려본다.

– 조건반사 훈련 : 음악과 같이 외부에서 들어오는 정보의 영향에 의해 심리 상태에 자극을 줘서 그 자극에 의해 특정한 의식을 일깨워주는 훈련이다. 음악뿐만 아니라 특정한 '동작'과 '감정'의 결합에 의해서도 충분히 가능하다. 가령, 가슴 앞에서 주먹을 쥐거나, 양손으로 얼굴을 두드리거나, "아자" "파이팅" 등과 같은 기합을 통해서도 효과를 거둘 수 있다

– 훈련에 앞서 정확하고 구체적인 목표를 설정한다. 훈련에 대한 충분한 효과를 기대하기 위해서는 '나는 내가 세워놓은 목표를 충분히 달성할 자신과 능력이 있다.'는 강한 신념을 갖고 있어야 한다.

10 질 좋은 수면으로 머리를 충분히 쉬게 하라

사람에 따라서는 아침에 집중이 잘 되는 사람도 있고, 저녁에 잘 되는 사람도 있다. 하지만 생리학적인 구조로 보면, 사람은 오전 중에 집중이 잘 된다고 한다. 아침에 눈을 뜨면, 체내에는 카테콜아민이란 물질의 혈중농도가 최대가 된다. 카테콜아민이란 도파민, 노르아드레날린, 아드레날린을 포함한 신경전달물질의 총칭이다.

사람이 집중을 하면, 뇌에서는 A6신경과 A10신경의 활동이 활발해지는데, 이때 소비되는 것이 카테콜아민이다. 이 물질은 집중력을 관장하는 신경조직을 움직이는 연료 역할을 한다. 오전 중에는 이 연료가 체내에 많이 있어서, 머리가 잘 돌아가고 일도 잘 되는 것이다.

따라서 집중력이 생기려면 이 카테콜아민이 많아야 한다.

그러면 어떻게 해야 카테콜아민이 생성될 수 있을까?

방법은 매우 간단하다. 푹 자면 된다.

카테콜아민은 잠을 잘 때 합성되어 뇌에 축적된다. 아침에 카테콜아민의 혈중농도가 높아지는 것은 수면을 통해 밤새 축적되었던 것이 방출되기 때문이다. 그런데 계속 방출되고 나면 오후에는 뇌가 피곤해지고, 주의력이 떨어지게 된다. 따라서 수면시간을 가능한한 많이 확보하여 에너지 보급에 힘쓰는 편이 좋다.

그런데 그런 사실을 알면서도 사정상 일정시간 이상 잠을 자기 어려운 사람들도 많다. 하지만 시간에 구애받을 필요는 없다. 통설에는 여덟 시간을 자는 것이 이상적이라고 하는데, 무슨 근거가 있는 것은 아니다. 더구나 적절한 수면시간은 사람마다 제각기 다르다. 실제로 전날 잘 잤는데도 계속 피곤하고 집중이 안 되는 날이 있지 않은가?

요컨대, 얼마나 잤느냐보다는 얼마나 질 좋은 수면을 취했느냐가 중요하다. 가령, 아침 6시부터 시작하는 TV프로그램에 출연하는 한 아나운서는 매일 밤 10시에 자서 새벽 3시 30분에 일어나는 생활을 몇 년째 계속하고 있다고 한다. 수면시간은 5시간 반이기 때문에, 시간만 보면 충분하다고 볼 수 없다. 낮에 일할 때보다 수면시간도 훨씬 줄었다. 그럼에도 전보다 몸이 가볍고, 일할 때도 집중이 잘 된다고 한다.

이는 그가 잠을 잘 자기 위해 세심한 노력을 기울이고 있기 때문이다. 그는 자기 전에 꼭 목욕을 해서 체온을 한 번 올린다. 그러면 온도가 내려갔을 때 깊이 잠이 들어서 잠을 잘 자게 된다고 한다. 그래서 아침에 일어났을 때 개운한 느낌이 들고, 일을 할 때도 집중이 잘 된다는 것이다. 과학적으로 보자면, 질 좋은 수면으로 머리를 충분히 쉬게 만들어서 카테콜아민이 넉넉히 보급된 탓이다.

어떻게 하면 잠을 제대로 잘 수 있을까?

- 매일(주말도 마찬가지다) 잠자고 일어나는 시간을 정해 놓고, 그 기준에 서 2시간 이상 벗어나는 일이 없도록 한다.

- 잠자기 3~6시간 전에는 깊은 수면을 해칠 수 있는 카페인, 니코틴, 알 코올 섭취를 피한다. 잠자기 3시간 전의 과식도 금물이다.

- 따뜻한 우유나 허브차를 마시면 체온을 올려 잠드는 데 도움이 된다. 바나나를 먹는 것도 좋다.

- 머리맡에 얇게 썬 양파를 놓아두고 자면 신기하게 잠이 잘 온다.

- 침실에서는 일을 하지 말고 TV나 비디오를 보지 않는다.

- 하루 30분 적당한 운동을 하되 잠자기 3시간 전에는 운동을 피한다.

- 낮잠을 피하고, 퇴근해서 집에 온 뒤에도 선잠을 자지 않는다. 나중에 밤잠 자기가 어려워진다.

- 잠자기 2~3시간 전에는 일을 하지 않는다.

- 20분 안에 잠들지 못하면 침대에서 나와 잠시 책을 읽는다.

- 침실은 조용하고 어둡고 서늘한 상태를 유지하도록 한다. 양말을 신는 것도 좋다. 발끝이 따뜻하면 잠드는 데 도움이 된다.

11 | 아침식사는 평소 양의 60%로 약간 부족한 것이 좋다

　아침식사를 하는 사람과 하지 않는 사람들을 모아놓고 간단한 실험을 실시했다. 지시에 따라서 세 가지 색깔의 패널을 똑바로 쌓아 올리는, 단순하지만 집중력을 요하는 실험이었다.

　실험은 오전 중에 네 번 실시하여, 아침식사를 하는 팀과 하지 않는 팀의 틀린 회수를 각각 조사했다.

　첫 번째 실험 결과, 아침식사를 하지 않는 팀이 틀린 회수는 열 번이었다. 매일 밥을 먹는 팀은 그 반인 다섯 번. 두 번째 실험에서는 두 팀 모두 다섯 번씩 틀려서 틀린 회수가 같았다.

　그런데 세 번, 네 번 실험을 반복하자, 아침식사를 하지 않는 팀의 틀린 회수가 점점 늘어나더니 결국 스무 번이나 실수를 하고 말았다.

　한편, 항상 아침식사를 하고 다니는 팀은 틀린 회수가 처음 다섯 번에서 조금씩 줄어들었다.

　이 실험 결과를 보면, 아침식사를 하느냐 하지 않느냐에 따라 집중력에 차이가 난다는 사실을 알 수 있다. 네 번 모두 똑같은 실험이었기 때문에, 상식적으로 봤을 때 회를 거듭할수록 좋은 점수가 나와야

했으나 결과는 그렇지 않았다.

두 번째 실험에서 두 팀의 틀린 회수가 같았다는 것은 집중력을 발휘하는 능력에 별 차이가 없음을 보여준다.

그렇다면, 아침식사를 하느냐 안 하느냐에 따라 이 정도의 차이가 생긴다고 볼 수 있다. 따라서 아침에는 입맛이 안 나더라도 무엇이든 먹고 출근하는 것이 좋다.

이상적인 식사량은 평소에 자기가 먹는 양의 60% 정도가 좋다. 너무 많이 먹으면 그것을 소화·흡수하기 위해 혈액이 위 근처에 집중하기 때문에 피가 뇌까지 충분히 공급되지 않아서 꾸벅꾸벅 졸게 된다. 아침식사를 거르고 오후에 몰아서 먹으면, 오후에 졸음이 밀려오고 뇌의 작용이 턱없이 떨어지는 것은 그런 까닭이다.

약간 모자란 듯이 먹어야, 우리 몸이 생명의 위기를 느끼고 의욕을 불러일으켜 뇌가 회전하는 것이다.

폭음 폭식을 하지 않고 1일 3식을 꼬박꼬박 챙겨먹으면 좋다는 것은 누구나 알면서도 막상 지키기는 어렵다. 그러나 집중력을 발휘하고 싶다면 반드시 실천하기를 바란다.

성공의 비결은
목적을 향해 시작과 끝이 한결같은 것이다.

12 비타민 B12를 섭취하여 집중력을 높여라

　흔히 생선을 먹으면 머리가 좋아진다고 말한다. 실제로 생선의 지방에는 DHA와 EPA라는 영양소가 들어 있어, 기억력이나 학습 능력을 증진하는 효과가 있다. 최근에는 뇌와 관련된 건강식품이나 영양제를 '브레인 푸드'라고도 하는데, 그렇게 따지면 생선은 천연 '브레인 푸드'인 셈이다.

　일반적으로 집중력을 높이는 영양소로는 비타민 B12(Cyanoco balamin)가 있다. 이것은 혈액 중의 적혈구나 헤모글로빈의 생성에 관련된 중요한 영양소로, 통칭 '빨간 비타민'이라고 일컬어진다. 비타민 B12는 적혈구 형성 외에도 단백질의 합성이나 신경의 활동에도 중요한 작용을 한다. 집중력과 기억력 증진에 관련된 '뇌 기능'을 상승시키며, 신경 안정에도 효과가 있다.

　비타민 B12가 생성한 헤모글로빈은 산소를 몸의 구석구석으로 운반하는 역할을 한다. 그 기능이 저하될 경우, 산소가 부족해지기 때문에 몸 전체가 권태감이나 나른함에 빠져서 신경질적이고 무기력해진다.

집중하려고 해도 몸 상태가 엉망이면 집중력은 생기지 않는 법이다. 이럴 때 집중하기 위해 어떤 묘안을 써보아도 몸이 따라주질 않으니 아무런 효과가 없다.

미국 뉴욕에서 65세 이상의 환자 54명에 대해 비타민 B12의 상태를 조사한 결과, 33명이 결핍증이었다. 그 사람들에게 판단능력 테스트를 받게 했더니, 33명 중 14명이라는 높은 비율에서 성적이 극단적으로 나빴다. 그런데 그들에게 6개월에 걸쳐 비타민 B12를 공급하자, 판단능력 테스트 점수가 정상치까지 올라갔다고 한다.

사실 비타민 B12에는 뇌의 신경세포가 정보를 빨리 전달할 수 있도록 하는 한편, 끊어져 버린 신경섬유의 복구를 돕거나 새로 신경을 만들어내는 기능이 있다. 즉, 뇌의 신경을 정상화하고 원기를 충만히 하는 데 일조하기 때문에 기억력 향상과도 큰 관계가 있는 것이다.

따라서 평소에 식사를 하면서 비타민 B12를 섭취해두는 것이 좋다. 비타민 B12가 포함된 '브레인 푸드'로는 쇠고기나 닭고기, 특히 간에 풍부하게 함유되어 있다. 그리고 치즈나 우유와 같은 유제품과 달걀, 해초에도 포함되어 있다. 또한 어패류에는 굴, 청어, 고등어, 정어리, 조개류에 많고, 된장, 간장, 청국장 등에도 함유되어 있다.

채식주의자라면 영양제로 보충해도 된다. 또한 술을 자주 마시는 사람이라면 신경써서 섭취하는 것이 좋다. 집중력을 높이기 위해서는 평소의 식생활도 결코 소홀히 해서는 안 된다.

집중력을 기르는 최종 목표

집중력이란 '어떤 욕구를 실현하기 위해 수단과 방법을 계획하고 성공적으로 수행할 수 있도록 정신을 한 곳으로 모으는 행위'를 말한다. 고정된 습관과 연습을 통해 한 가지의 주제를 완전히 정복할 때까지 그 주제에 집중하는 능력으로, 말하자면 자신의 주의를 통제하여 주어진 문제를 해결할 수 있을 때까지 초점에 집중할 수 있는 능력인 것이다.

인생의 목표에 집중하기 위해서는 자신이 집중하고 있는 주된 주제와 서로 밀접하게 연관되면서 그 주제를 완성시켜 주는 다른 많은 주제들도 다루어야만 한다. 성공과 실패의 갈림길을 결정짓는 것은 바로 '집중하는 끈기가 있느냐 없느냐'의 차이다. 성공하는 사람들은 어려운 문제를 만나도 가능한 모든 방법을 모색하면서 끈기있게 파고들어 해결해 나간다.

집중하는 습관만 키운다면 세상에 얻지 못할 게 없다. 성취하기 위해서는 의지와 집중이 필요하며 이 둘은 우리의 선택에 의해 강화될 수 있다.

정신적으로 보다 안정되고 이상적인 집중력을 보이는 '집중 존(zone)' 상태에 접어들면, 외적인 잡념에 전혀 신경쓰지 않고 오로지 일이나 공부에만 몰입하게 되어 냉철하게 자신의 모든 능력을 발휘할 수 있다.

화재가 발생하여 아들이 고립 상태에 빠졌을 때, 아이 엄마가 평소에는 장정들이 힘을 써도 들지 못할 것 같은 무거운 목재더미를 들어올리고 자신의 아이를 무사히 구출했다는 이야기를 한번쯤은 들어보았을 것이다. 이것은 과학적인 이론만으로는 설명하기 어렵다. 극한상황이 만들어낸 일종의 '집중 존' 상태라고밖에는 달리 설명할 길이 없다.

언제, 어느 순간을 막론하고 바로 이와 같은 이상적인 상태를 만들어내는 것이야말로 '집중력'을 배양시키는 훈련의 최종 목표라 할 수 있다.

의욕을 이끌어내는 16가지 집중 비결

1. 의욕이 없더라도 일단 시작하라

2. 큰 소리로 기합을 넣으면 뇌를 각성시킨다

3. 하기 싫은 일은 시간을 정해놓고 습관이 될 때까지 꾸준히 하라

4. 하기 싫은 일은 '오늘 하루만' 하자는 생각으로 위안하라

5. 마감시간을 미리 설정해 놓고 일을 하라

6. 어려운 일에 도전할 때는 쉬운 것부터 시작하라

7. 하나마나한 '보상'은 안하는 편이 낫다

8. 틈틈이 하는 '작은 보상'은 효과적이다

9. 책상 정리는 집중력을 위한 훌륭한 워밍업이다

10. 의식적으로 몸을 움직여 뇌를 자극시켜라

11. '라이벌'에게 지는 모습을 상상하면 의욕이 샘솟는다

12. 싫어하는 일은 억지로라도 관심을 가져라

13. 하기 싫은 일이나 공부는 '게임'처럼 하라

14. 어려운 주제는 기초부터 시작하라

15. 하던 일을 일부러 조금 남겨두고 중단하라

16. 정말로 의욕이 없을 때는 아무 것도 하지 말라

part
2

의욕을
이끌어내는
16가지
집중 비결

1 의욕이 없더라도
일단 시작하라

　인간의 뇌는 아무리 싫어하거나 관심이 없는 일이라도 일단 손을 대기 시작하면, 자극을 받고 흥분하여 금세 집중력이 높아진다고 한다. 처음부터 집중하여 일을 하지 않아도 일을 하는 동안에 점점 '집중' 하게 된다는 것이다.

　예를 들어 차를 탔을 때, 처음에는 시동을 걸기 어렵지만 시동키를 몇 번 돌리다보면 어느새 시동이 걸린다. 이와 마찬가지로, 어쨌든 일단 시작하면 의욕이라는 엔진은 정확하게 움직이기 시작하는 것이다.

　그러므로 왠지 일할 기분이 나지 않는 날이라도 어쨌든 일을 시작하는 것이 좋다. 특별히 집중할 수 있는 환경을 만들거나, 목표를 세우거나, 정신적으로 신경을 쓰거나, 무슨 일부터 해야 효과적일지 생각하지 않아도 좋다. 어쨌든 시작해서 뇌에 '작업흥분' 자극을 주면, 서서히 일할 의욕이 생겨날 것이다.

2 큰 소리로 기합을 넣으면 뇌를 각성시킨다

큰 소리로 기합을 넣으면 어떤 일에 더욱더 주의를 집중할 수 있다. 즉, 소리를 치는 행위는 뇌를 각성시키는 신호 같은 역할을 한다.

스포츠 세계에서도 '소리'는 매우 중요하다. 팀플레이로 서로의 연계가 필요한 순간에는 물론이고, 집중력이 필요한 때에 선수들이 무의식적으로 소리치는 모습을 자주 볼 수 있다.

예를 들어, 탁구나 테니스 경기를 할 때 선수들이 중요한 순간마다 정해진 듯한 기합을 큰 소리로 외치는 것은 자신에게 기운을 불어넣기 위한 것이다. 축구 선수도 상대방이 코너킥을 넣는 절체절명의 순간이 되면, 기합을 넣으려는 듯 소리를 지른다. 배구 선수도 타임아웃을 부른 후, 모두가 둥글게 모여서서 한 목소리로 파이팅을 외치고 코트로 돌아간다. 그것은 모두 소리를 지름으로써 기분을 새롭게 하여 전의를 다지고 집중력을 높이려는 의도적인 행동이다.

이는 일이나 공부를 시작할 때도 매우 유용한 기술이다. 좀처럼 하려는 의욕이 나지 않거나, 괜히 시간만 걸리고 능률이 오르지 않을 때는 시작하기 전에 "할 수 있다!"라고 소리쳐 보자. 마치 영화감독의 "레디 액션!" 소리를 듣고 연기를 시작하는 배우가 된 기분으로 일을 시작하면, 그때까지 조금도 일할 의욕이 없던 뇌가 자신의 소리에 각성해서 일이나 공부로 의식을 전환시킬 수 있을 것이다.

그때 하는 말로는 "할 수 있다!"도 좋고, "힘내자!" "파이팅!" "아자! 아자!"도 좋다. 도움이 되는 말이면 아무 말이나 상관없다. 마음속으로 외칠 뿐만 아니라, 입 밖으로 소리쳐서 귀를 통해 실제로 소리를 들으면, 자신에게 잘 될 거라는 암시를 주는 효과도 볼 수 있다.

지속적인 혼잣말을 통해 목표를 주입하라

일정한 간격을 두고 반복적으로 목표를 정신에 주입시키면, 마음가짐의 변화를 가져오게 되고, 이는 다시 행동 습관의 변화를 가져온다. 주기적으로 새롭고 긍정적인 생각을 주입하면 치환의 원리가 작용하여 부정적 사고 습관이 점차 사라지고 긍정적 사고 습관만 남게 된다. 사람에게 있어 습관적인 반복이 일어나도록 만드는 것이 바로 '정신 주입'이다. 그리고 정신 주입의 가장 탁월한 방법은 혼잣말이다. 우리에겐 머릿속에 가득한 부정적인 생각을 치환의 원리로 밀어낼 혼잣말이 필요하다.

사람은 하루 중 자신이 가장 많이 생각하는 것을 결국 현실로 나타내게 되어 있다. 당신이 하루 중 가장 많이 생각하는 것은 과연 무엇인가? 그것이 당신의 목표에 부합하는 것인가?

만약 그렇지 않다면, 지속적인 혼잣말을 이용해 보자. 당신이 하루 중 가장 많이 생각하는 것을 바꿀 수 있고, 그 결과 목표를 이룰 수 있을 것이다.

3 하기 싫은 일은 시간을 정해 놓고 습관이 될 때까지 꾸준히 하라

　장기간에 걸쳐 꾸준히 해야 하는 일에는 자신이 없다고 스스로를 평가하는 사람들이 있다.

　다이어트라든가, 저축 습관, 자격증을 따기 위한 공부 등……

　무슨 일이든 처음에는 기합을 넣고 시작해 보지만, 오래 지속하기 어렵다. 매일 꾸준히 해서 습관화시켜야 한다는 것을 잘 알면서도 생각처럼 되질 않는다. '나중에 한꺼번에 해야지.' 라고 했다가, 결국 귀찮아서 중도에 포기하거나 '전부터 조금씩 해둘 걸.' 하며 후회한다.

　하지만 하기 싫은 일이라도 습관화하여 꾸준히 해나가다 보면, 언젠가는 그것이 힘이 된다. 그러려면 자신의 성격을 탓할 게 아니라 약간의 비결만 알면 된다. 그 비결이란 일정한 시간을 정해두고 꾸준히 하는 것이다. 매일 밥먹기 전 자격증 시험에 대비한 공부를 한다거나, 시간을 정하여 매일 운동을 하다보면 어느새 습관처럼 하게 될 것이다.

　프랑스 철학자이자 시인인 폴 발레리(Paul Vale'ry, 프랑스의 시인 · 비평가 · 사상가)는 매일 아침 동이 트기 전에 일어나 머릿속에 떠오른 생각을 노트에 적어두기로 결심했다. 이는 일종의 작품을 만들 때 필요한 소재집과 같은 것이었다. 자발적으로 시작하긴 했지만, 처음부터 대단한 발상이 떠오른 것도 아니고 그리 즐거운 일은 아니었을 것이다. 하지만 그 작업이 차츰 습관처럼 굳어지자, 지금까지 생각도 못했던 아이디어가 계속 떠올라 노트의 내용이 충실해졌다고 한다. 결국, 그는 이 작업을 10여 년 동안 하루도 거르지 않고 계속했다.

왜 발레리는 처음에 내키지도 않았던 이 습관을 수십 년이나 계속했던 것일까? 그 핵심은 그가 '매일 아침 동이 트기 전에 일어난' 것, 즉 시간을 정해서 매일 했다는 데 있다. 습관화라는 것은 참으로 무서워서, 매일 같은 시간에 같은 행동을 하다 보면 어느새 그것을 하지 않고는 못 배기는 것이다.

예를 들어, 주위에서 "아침에 신문을 읽고 나서 출근하지 않으면 마음이 불안해."라거나 "매주 일요일마다 체육관에 가다보니, 가지 않은 날은 몸이 무거워."라는 말을 들은 적이 있을 것이다.

이것을 하기 싫은 일이나 공부에 적용해 보자. 가령, 매일 아침 식사를 하기 전에 자격시험 공부를 하기로 정한다. 처음에는 참고서만 대충 넘겨볼 뿐 생각처럼 진도가 나가지 않을 것이다. 그래도 일단 아침식사를 하기 전에는 무슨 일이 있어도 책상에 앉아서 조금이라도 책을 보는 습관을 들인다. 그리고 얼마 후, 하루 빼먹었다고 마음이 편하지 않게 되면 이제 다 된 것이다. 그러면 굳이 힘들게 애쓰지 않아도 공부에 집중할 수 있을 테니까 말이다.

운동과 음식으로 스트레스를 해소하는 비결

스트레스란 외부로부터의 충격에 대항해 인체가 보이는 반응을 말한다.

① 온도, 습도, 진동 등의 환경 스트레스

② 운동, 식사, 육체적 고통에 따른 생리적 스트레스

③ 불안, 불만, 고독, 공포 등의 정신적 스트레스

스트레스는 이렇게 세 가지로 나눌 수 있으며, 일반적으로 스트레스라고 하면 세번째 경우를 가리킨다. 스트레스를 해소하려면,

- 편안한 마음으로 걷는다. 기분 전환을 위해서는 빨리 걷는 것이 효과적이지만, 스트레스를 제거하려면 보통 속도라도 상관없다. 다만 가능한 한 조용한 곳, 초록으로 둘러싸인 평온한 곳을 걷는 것이 좋다.

- 비타민 C를 섭취한다. 스트레스가 생기면 활성산소가 발생하고 몸 속 비타민과 무기질이 많이 소모된다. 혈관 노화가 촉진되고 신경이 불안정한 상태가 되어 초조함과 피로가 몰려오므로, 걷기와 함께 비타민 C를 많이 섭취하면 스트레스를 좀더 효과적으로 해소할 수 있다. 씹는 맛이 있거나 상큼한 향의 음식도 스트레스 해소에 효과적이다.

- 탄수화물을 섭취한다. 밥, 국수, 빵, 과자 등 탄수화물이 풍부한 음식을 먹는다. 탄수화물은 뇌에서 '행복 호르몬'인 '세로토닌'이 많이 나오도록 자극해 신경을 안정시킨다. 특히 후루룩 먹는 면발은 촉각과 후각을 자극해 기분 전환에 좋다.

- 초콜릿도 도움이 된다. 초코릿 속 트립토판 성분이 세로토닌으로 바뀌어 기분을 좋게 만든다.

- 참깨, 들깨, 검은깨, 호두, 잣 등에 많이 들어 있는 불포화 지방산은 스트레스로 경직된 몸을 풀어준다.

4 하기 싫은 일은 '오늘 하루만' 하자는 생각으로 위안하라

스포츠 심리학자로 멘탈 터프니스(mental toughness, 강한 정신력을 뜻하며, 스포츠 심리학에서 관심있게 다루고 있는 주제 중 하나)의 세계적 권위자인 짐 레이어(Jim Loehr) 박사에 의하면, '인간은 싫어하는 일도 하루 정도는 참고 할 수 있는 유일한 동물'이라고 한다.

제목처럼 일상생활 속에서도 '~만'이라는 단서가 붙으면 참을 수 있는 경우가 많다. 예를 들어, 평소에 꼴도 보기 싫은 부장과 동반 출장 명령을 받고 하루를 동행해야 한다면, 종일 떠들어대는 잔소리도 한 귀로 듣고 한 귀로 흘릴 수 있다. 오늘 하루만 하면 되니까……. 야근도 매일 하는 것이 아니라, 가끔 한 번씩 하는 것이라면 별 불만 없이 할 수 있다. 한 달에 한 번 열리는 아침 회의도 한 달에 딱 하루만 참석하면 되기 때문에 아침에 벌떡 일어날 수 있다…….

레이어 박사는 이 '~만'이라고 한정짓는 개념이 사람의 정신에 긍정적으로 작용한다는 사실에 주목한다. 그리고 하기 싫은 일, 내키지 않은 일에 집중해야 할 때는 '오늘만 ~을 해보자.'라고 생각해볼 것을 권한다.

그런데 하기 싫은 일이 '오늘만'이 아니라, 다음 날도, 또 그 다음 날도 계속된다면 어떻게 해야 할까?

비록 일시적인 위안이긴 하지만, 일단 '오늘만'이라고 생각하면 그 날은 그럭저럭 넘어갈 수 있을 것이다.

매일 반복하는 일상 업무나 하기 싫은 일을 떠올려보자. 예를 들어 '매일 아침 6시에 일어나서 8시까지 출근'해야 한다고 치자. 앞으로 계속해서 아침마다 일찍 일어나야 된다는 부담을 가지면, '나는 안 돼'라는 부정적인 생각을 하게 된다. 그렇게 단정해 버리면 매일 아침 6시에 일어나는 것은 무리다.

하지만 침대에 들어가기 전에 '일단 내일 하루만이라도 6시에 일어나야지.'라고 주문을 걸듯이 말해보면 어떨까? 그러면 '매일 아침 6시에 일어나는 것은 불가능할지 모르지만, 내일 하루만이라면 할 수 있어.'라고 조금은 긍정적으로 생각되어 기분도 한결 가벼워질 것이다. 이것을 업무나 공부할 때도 응용해 보면, 집중해서 할 수 있는 일이 많아질 것이다.

인생에서 육체가 아직 견뎌내고 있는데
영혼이 먼저 굴복해 버린다면
그것은 부끄러운 일이다.

5 | 마감시간을 미리 설정해 놓고 일을 하라

예를 들어, 저녁에 약속이 있어서 4시까지는 회사에서 나와야 한다고 치자. 그리고 지금 눈앞에는 무슨 일이 있어도 그 시간까지 끝내야 하는 일이 하나 있다. 이럴 때는 깜짝 놀랄 정도의 집중력을 발휘하여 약속된 시간까지 일을 끝낼 수 있을 것이다.

이와 같이 시간적인 제한이 있을 때 생기는 긴장감은 집중력을 만들어내는 데 놀라운 원동력이 된다. 단, 필요 이상으로 긴장하면 불안하고 초조해져서 오히려 눈앞의 작업에 집중하지 못한다.

한편, 인간은 나태한 동물이기 때문에 여유가 있다고 생각하면 긴장이 풀려서 일하는 속도가 늦어진다. 그때 '제한시간'을 정해 두면 적당한 긴장감이 생겨서 일에 전념할 수 있다. 마감 효과라고 말할 수 있는데, 움직일 수 없는 엄연한 시간 제약에 의해 심리적으로 쫓기는 상태일 때 오히려 일이나 공부에 대한 의욕이 높아지고 집중력을 발휘할 수 있는 것이다.

따라서 일을 할 때도 주의가 산만하여 의욕이 나지 않을 때는 적당한 긴장감을 조성하는 것이 좋다. 일을 시작하기 전에 스스로 '끝내는 시간'을 의도적으로 설정하는 것이다. 만약 오늘 안으로 끝내야 하는 일이 있다면, 그보다 시간을 앞당겨서 일을 끝내기로 계획한다. 제한시간이 없을 때보다 분명히 더 집중력이 생길 것이다. 그러면 업무 효율이 좋아질 뿐 아니라, 또 다른 이득을 볼 수 있다.

예를 들어 지금 하는 일을 4시까지 끝내기로 했다면, '어쨌든 4시까지는 참고 해보자.'고 생각하자. 일이 하기 싫어도 그 시간에 일이 끝난다고 생각하면 어쨌든 그 일을 시작할 수 있을 것이다. 앞에서 설명한 '오늘만~'이라고 한정을 짓는 것과 비슷한 발상이다.

이렇게 주어진 일이나 공부를 하고 싶은 의욕이 나지 않을 때는 자신에게 강제적인 마감시간을 설정한다. 언제까지, 얼마만큼 해낼 것인지 기한과 목표량을 의도적으로 정하여 동기부여를 하는 것이다.

그런데 주의해야 할 것이 하나 있다. 해야 할 일이 시간이 걸리는 일이더라도 일단은 미리 정해놓은 시간까지 어떻게든 대략적인 체계라도 모양새를 갖추어놓을 것. 부족한 점이 있다거나, 마음에 들지 않는 부분이 있더라도 일단은 끝내고 본다.

만약 그렇게 하지 않으면, 스스로 정해놓은 시간을 쉽게 바꿀 가능성이 있다. '도중에 일이 생겼으니, 5시까지로 하자.'라고 바꾸면, 일이 점점 늦어질 가능성이 있으니 조심해야 한다.

6 | 어려운 일에 도전할 때는 쉬운 것부터 시작하라

집중해서 일을 처리하고 싶은데, 어느새 집중력을 잃고 위험한 진행방식으로 빠져들 때가 있다. 그 위험한 진행방식이란, 머리 속으로 순서를 정해놓고 그것에 따라 하나씩 처리해가는 것이다. 이 방법을 쓰다간 자칫 의욕을 잃을 수도 있으므로 주의해야 한다.

『역전의 발상』의 저자이며 전후에 로켓 개발을 재개하여 일본의 우주 개발에 눈부신 업적을 남긴 이토가와 히데오 박사는 첼로 연주에도 능한 다재다능한 박사로 유명하다. 여기서 이토가와 씨의 첼로 연습법에 주목해 보자면, 거기에는 집중력을 끌어내는 훌륭한 비법이 숨겨져 있다.

이토가와 박사는 새로운 곡을 연습하기에 앞서, 먼저 이공계 출신답게 전체의 소절 수부터 계산했다고 한다. 하지만 단지 계산하기만 하고 다른 사람과 똑같이 연습했다면, 소절 수를 센 의미가 없다. 박사는 계산한 소절 수를 다시 세분화했다. 예를 들어, 한 곡이 32소절로 이루어진 곡이라면, 그것을 다시 세분화해서 한 소절씩 나눈다. 그리고 하루 한 소절씩 하기로 계획하고 연습에 들어갔다는 것이다.

이러면 한 달여 만에 한 곡을 연주할 수 있게 된다는 계산이 나온다.

특이한 것은 이것만이 아니다. 그는 나눈 소절을 처음부터 연습하는 것이 아니라, 가장 쉬운 부분부터 시작했다. 음악을 조금이라도 했던 사람이라면, 곡에는 흐름이 있다는 이유로 첫 소절부터 연습하기 시작할 것이다. 하지만 그것은 함정이다. 도중에 한번 막히면, 좀처럼 진도를 나가지 못한다. 그래서 처음에는 열심히 해도 점점 싫증이 나서 집중하지 못하고, 결국에는 내팽개쳐 버리기 쉽다.

이토가와 박사와 같이 '잘 하는 부분부터 시작한다'는 발상은 심리학적으로도 일리가 있는 생각이다. 심리학에서 말하는 '성공 체험'을 매일 하고 있는 것이나 마찬가지기 때문이다. 사람은 자기가 잘 한다는 생각이 들면, 안도감이나 자신감이 생긴다. 그것이 강력한 에너지가 되는 것이다.

집중력이 없다고 생각하는 사람은 자신이 어떻게 일을 처리하고 있는지 떠올려보는 것이 좋다. 처음부터 순서를 정하지 않으면 의욕이 생기지 않는다고 단정하지는 않았는가? 그렇다면 지금 당장 그 생각을 버리고, 전체를 세분화하여 가장 하기 쉬운 부분부터 시작해보자.

일부분이 성공하면, 그것이 성공 체험이 되어 다음 부분도 집중할 수 있다. 그렇게 반복하는 동안에 문득 정신을 차려보면 모든 것이 예정대로 진행될 뿐 아니라 다음 일도 의욕적으로 기분좋게 시작할 수 있을 것이다.

7 하나마나한 '보상'은 안하는 편이 낫다

　말을 달리게 하려면 채찍으로 때리기보다 눈앞에 당근을 보여주는 것이 낫다는 사실은 누구나 알고 있다.

　일이 끝나면 술자리가 있다, 혹은 주말에 해외여행이 기다리고 있다.─이렇게 어떤 식으로든 '보상'이 있다면 집중력을 발휘하여 눈앞의 일에 전념할 수 있다.

　최근에 '나를 위한 선물'이라는 말을 심심치 않게 듣는데, 좋아하는 일이나 목표한 일을 할 때뿐만 아니라 쾌감이나 돈, 영예와 같은 보상에 따라서도 의욕이 생기는 것은 사실이다.

　여기에 보상과 의욕의 관계를 조사한 재미있는 실험을 소개하겠다. 사회심리학자 에드워드 데시(Edward Deci)는 대학생을 모아놓고 전원에게 퍼즐을 풀게 하여 집중력을 조사하였다.

　실험 기간은 총 3일. 일단 첫날은 참가자 전원에게 똑같은 퍼즐을 풀게 했다. 하지만 이튿날에는 대학생을 두 개의 팀으로 나누어, 한 팀에는 퍼즐을 풀어서 정답이 나올 때마다 보상을 주고, 다른 한 팀에는 주지 않았다. 그리고 마지막 셋째 날에는 두 팀 모두에게 보상을 주지 않았다. 실험 기간 중에는 참가자들 모두 방에서 나오지 못하게 했다.

자, 결과가 어떻게 나왔을까? 가장 집중력을 발휘한 팀은 둘째 날에 보상을 받은 팀이었다. 하지만 셋째 날에 재미있는 일이 일어났다. 보상을 받지 못하게 되자, 둘째 날에 보상을 받았던 팀에서 퍼즐을 풀지 않은 학생이 속출한 것이다.

한편, 둘째 날에도 보상을 받지 못한 팀은 여전히 퍼즐에 대한 관심을 잃지 않아서, 전원이 첫째 날과 마찬가지로 퍼즐에 집중하였다. 이 팀은 옆 팀과 같이 흥미가 저하되지는 않았던 것이다.

결과적으로, 보상은 일시적인 효과는 있어도 지속적인 의욕을 끌어내지는 못한다. 만약 보상을 주다가 중단해 버리면, 그 다음부터 집중력이 급속도로 떨어지기 때문이다. 처음부터 갖고 있던 관심이나 의욕, 집중력이 보상 때문에 힘을 잃게 되면, 보상을 주는 의미가 없다. 아니, 계속해서 보상을 한다 해도 거기에 익숙해지면 보상에 대한 매력을 잃고, 역시 집중력의 저하로 이어질 가능성이 크다.

그래서 심리학의 세계에서는, 긴 안목으로 볼 때 진정한 의욕을 끌어내려면 당근을 주는 '외발적 동기부여' 보다 행동하는 것 자체에서 재미나 만족감을 찾는 '내발적 동기부여' 가 양적으로나 질적으로 높은 성과를 올린다고 말한다.

의욕과 집중력 향상을 위해 보상을 주기로 결정했다면, 그 적용 방식에 각별히 주의하고 악순환에 빠져들지 않도록 조심해야 한다.

8 틈틈이 하는 '작은 보상'은 효과적이다

앞에서도 말했듯이, '보상'으로 집중력을 발휘하게 하는 방법은 그다지 바람직하지 않다. 보상을 주다가 주지 않으면 집중력이 떨어질 가능성이 높은데다, 효과도 지속된다는 보장이 없기 때문이다.

그렇지만 그 활용 방법에 따라서는 일이나 공부를 집중해서 하고 싶을 때 보상이 매우 유용한 방법임은 부정할 수 없는 사실이다.

여기서 중요한 것은 보상의 크기와 타이밍이다. 일을 다 마치고 나서 '큰 상'을 주는 것이 아니라, 일하는 틈틈이 '작은 보상'을 준비해 놓는 것이 좋다. 그리고 그 작은 보상은 의무적인 휴식이 되지 않도록 본인에게 정말로 절실한 것이어야 한다.

일이나 공부를 하는 틈틈이 휴식을 취하는 것이 얼마나 중요한지는 잘 알고 있을 것이다. 흔히 커피를 마시거나, 화장실에 가거나, 소파에서 뒹굴면서 피곤한 뇌와 몸을 쉬게 해준다. 뇌와 몸을 충분히 쉬게 함으로써 다시 작업에 착수했을 때 효율적으로 일을 진행할 수 있는 것이다.

하지만 이러한 보통의 휴식은 자칫 의무로 전락해 버릴 수도 있다.

가령, 한 시간마다 10분씩 쉬기로 정했다면, 쉬기 전 한 시간 동안 집중을 하지 못했어도 시간이 되었기 때문에 쉬게 된다. 그런데 생각대로 기분 전환이 되지 않고, 오히려 집중력이 떨어져 버릴 때도 있다.

이래서는 휴식의 의미가 없다. 일과 휴식의 경계를 구분짓는 것은 집중력을 발휘하는 데 필요하지만, 작업 중에는 뇌가 활발하게 활동해야 한다. 그렇게 진정한 의욕을 끌어내는 데 효과적인 것이 바로 '작은 보상'이다.

작은 보상을 준비할 때는 정말로 즐거웠던 일이나 기뻤던 일이어야 한다. 그러한 재미가 기다리고 있다고 생각하면, 눈앞에 놓인 일을 열심히 할 수 있다. 일이 끝나면 맛있는 간식을 먹는다거나, 좋아하는 만화의 다음 편을 읽는다거나 손이 닿을 듯한 곳에 미끼를 걸어놓는 것이다.

이런 '작은 보상 효과'는 예전부터 지적되고 있다. 예를 들어, 미국에서 베스트셀러가 된 『기억력 증진을 위한 10일(Ten days to a successful memory)』의 저자 조이스 브라더스(Joyce Brothers) 씨도, 하기 싫은 일이나 공부를 할 때는 그 마디마디 나눠서 거기에 샌드위치 속처럼 중간중간 보상을 집어넣는 것이 효과적이라고 말한다.

물론 '작은' 보상이기 때문에 그 자리에서 단시간에 할 수 있어야 하고, 본업을 방해받을 정도로 열중해서는 안 된다는 사실을 꼭 기억하자.

보상이라는 함정

자신감을 갖게 하는 한 방법으로 외적인 보상, 즉 물건이나 돈을 보상으로 주게 되면 그것이 계속되는 동안은 틀림없이 같은 행동이 유지된다. 그러한 물질적 보상을 목적으로 행동하기 때문이다.

그러나 보상이 없어지면 행동도 정지한다. 스스로 행동을 하려고 하지 않는 것인데, 학습 행동에도 이러한 원리가 적용된다.

부모가 "공부해라!"고 말하지 않으면 공부하지 않는 아이는 보상을 전제로 학습시키면 그러한 보상이 계속되는 동안은 어떻게든 공부하지만, 보상이 없어지면 즉시 공부를 하지 않는다.

그리고 보상을 받으면서 공부하고 있을 때에는 어느 정도 공부하면 혹은 몇 점을 받으면 보상을 받게 된다는 획득 기준이 설정되어 있어, 그러한 기준만 충족시키면 보상을 받을 수 있으므로 필요 이상의 공부는 하지 않을 뿐만 아니라 공부의 질도 그다지 좋지 않다.

무기력한 단계에서 외발적 학습 의욕으로 심리적 에너지를 보충하여 의욕 수준을 높이려고 할 경우에는 보상과 같은 외적 보상도 유효하다.

그러나 외발적 학습 의욕의 단계에서 내발적 학습 의욕의 단계로 자발성을 키우고자 할 경우에는 부적절하다. 단, 칭찬에는 이런 의존성이 적기 때문에 외적인 보상이 꼭 필요한 경우에는 칭찬하는 것이 적절하다.

9 책상 정리는 집중력을 위한 훌륭한 워밍업이다

　자격시험이 다가와서 책상 앞에 앉았다. 하지만 의욕이 나지 않는다. 어제부터 했던 부분을 끝내면, 보상으로 맛있는 케이크를 먹자고 생각했건만 여전히 의욕이 나지 않는다. 아니, 공부를 시작하면 곧바로 뇌가 흥분해서 의욕이 샘솟을 거라고는 기대하지 않았지만 참고서를 들여다보는 것조차 내키지 않는다⋯⋯.

　이렇게 시작할 준비는 완벽하게 되어 있는데 정작 중요한 작업은 하기 싫을 때가 있다. 그럴 때는 간단한 워밍업을 해보자. 그렇다고 아주 특별한 것이 아니라, 바로 앞에 놓인 책상 위를 정리해 보는 것이다.

　앞에서 집중력을 발휘하게 만드는 방법의 하나로 출근하는 전철 안에서의 워밍업을 소개했는데, 이번에는 그것의 사무실이나 실내 편이라고 생각하면 된다. 실내에서는 실제 작업에 들어가기 전에 책상을 깔끔하게 정리하는 것이 집중력을 발휘하기 위한 가장 좋은 워밍업이 된다.

　유난히 깔끔한 것을 좋아하는 사람이 아닌 이상, 책상 위에는 자료나 잡지 등이 산더미처럼 쌓여 있거나 펜이 여기저기 굴러다니게 마련이다. 손이 잘 가지 않는 장소에는 먼지가 쌓여 있기도 하다. 우선 책상 위에 있는 물건들을 제자리에 갖다 놓는다. 그리고 걸레로 지저분한 책상을 깨끗하게 닦는다.

이렇게만 해도 책상은 상당히 깨끗해지고 기분도 상쾌해질 것이다. 이렇게 되면, 해야 할 일 외에 신경쓸 일이 별로 없다. 싫어도 일을 할 수밖에 없는 환경을 만드는 것이다. 어수선한 책상을 앞에 두고 멍하니 앉아 있기는 쉽지만, 깔끔하게 정리된 책상을 앞에 두고 아무 것도 하지 않는다는 것도 의외로 어려운 일이다.

더구나 책상을 정리할 때도 저 잡지는 어디에 둘지, 이 책은 어디에 꽂을지 생각하느라고 머리를 쓴다. 이렇게 자기도 모르는 사이에 자극을 주면, 뇌는 기분 좋은 흥분을 느낀다. 그런 흥분이 의욕을 끌어내어 청소가 끝났을 때는 뇌도 만반의 준비를 갖추게 되고 완벽하게 작업에 몰입할 수 있는 것이다.

목표를 의식시켜 줄 만한 상징을 가까이 하라

공부나 일을 할 때 목표를 상징할 만한 것, 가령 합격하고 싶은 대학이라든가 닮고 싶은 인물 혹은 라이벌의 사진, 가고 싶은 나라, 목표로 하는 숫자, 그 외 관련된 물품을 몸에 간직한다거나 가까이 둠으로써 목표를 늘 환기할 수 있도록 하는 것도 한 방법이다. 잠시 잊었다가도 그것을 봄으로써 바로 목표를 향한 투지를 불사르게 되어 집중력을 높이는 효과를 거둘 수 있다.

10 의식적으로 몸을 움직여 뇌를 자극시켜라

걷는 것이 뇌를 각성시켜서 뇌의 작용을 활발하게 만든다는 것은 잘 알려진 사실이다. 뇌생리학에서는 하반신 근육뿐만 아니라 몸의 근육 전체를 움직이면 뇌가 자극을 받게 된다고 주장한다.

근육 속에는 근방추(筋紡錘)라는 지각신경의 말단부가 있어서, 근육이 운동으로 긴장하면 근방추가 자극을 받는다. 그 자극이 바로 뇌로 전달되어 뇌를 자각시키는 것이다. 따라서 왠지 의욕이 나지 않을 때는 일을 시작하기 전에 몸을 의식적으로 움직여서 뇌를 각성시키도록 한다.

고대의 철학자들을 봐도, 생각하는 것과 걷는 것과는 밀접한 관계가 있었음을 알 수 있다. 고대 그리스에는 걸으면서 제자들과 대화를 나누는 철학자가 많았고, 소크라테스나 플라톤도 역시 걸으면서 강의를 했다고 한다. 교토에 있는 '철학의 길'도 근대 일본의 대표적인 철학자 니시다 기타로나 경제학자 가와가미 하지메가 자주 걸어다니며 사색에 골몰했다고 해서 유명해진 곳이다.

따라서 일이나 공부를 할 의욕이 나지 않을 때는 멍하니 책상에 앉아 있지 말고 차라리 산보를 나가보는 것도 좋다.

하지만 회사원이라면 업무중에 쉽게 밖으로 나갈 수 없을 때도 많을 것이다. 그럴 때는 기지개를 켜거나, 다리를 굽혔다 폈다 하거나, 간단한 스트레칭도 좋으니까 몸의 일부를 의식적으로 움직여본다.

몸을 움직이면 다른 효과도 볼 수 있다. 예를 들어, 오랜 시간 같은 자세로 컴퓨터를 보고 있으면, 어깨가 결리거나 허리가 아프거나 몸에 피로가 쌓이게 된다. 몸이 피곤하면 집중력도 떨어진다. 따라서 의식적으로 몸을 움직여서 딱딱하게 굳은 근육을 풀어주도록 한다. 몸에 활력이 돌아오면, 마음의 에너지도 다시 돌아올 것이다.

일하는 도중에 싫증이 나거나 졸음이 오면 기지개를 켜게 되는 것도 이런 이유에서다. 하지만 기지개를 통해 느슨해진 태도에 활력을 불어넣고 다시 집중력을 높이고자 한다면, 의자에 앉은 채로 평소와 같이 팔만 대충 올려서는 별 효과가 없다. 일어나서 온몸을 이용하여 동작을 크게 해야 효과가 있다.

마음의 만족을 얻고 싶으면
엄격하게 자기를 극복하는 기술을 배워라.
지위도, 재산도,
인간에게 만족을 주지는 않는다.

뇌를 자극하는 가장 간단한 운동, 기지개

온몸을 이용한 기지개가 집중력을 높이는 것은 뇌의 구조와 관련이 있다. 뇌에는 뇌간망양체라고 하는 신경세포가 있어서, 이 부분이 자극을 받으면 뇌 전체가 각성한다. 즉, 뇌간망양체는 뇌 전체의 메인스위치와 같은 것이다. 이 부분이 자극을 받으면 기분이 좋아지고, 반대로 침체되면 졸음이 밀려온다.

따라서 하던 일에 싫증이 나서 주의력이 떨어지면 이 뇌간망양체를 자극하면 된다. 그리고 온몸을 이용하는 기지개가 뇌간망양체를 자극하는 가장 간단하고도 효과적인 방법이다.

만약 해야 할 일이 산더미처럼 쌓여 있는데, 마음만 급하고 집중할 수 없을 때는 우선 일어서서 기지개를 켜보자. 온몸의 근육에 힘을 불어넣는다는 생각으로, 힘을 주면서 하늘을 보고 팔을 뻗는 것이 요령이다. 이렇게 약간 뻐근하다고 느낄 정도로 힘을 주면, 뇌간망양체가 한층 활성화되기 때문에 의욕이 솟아오른다.

덧붙여 말하면, 이렇게 온몸을 이용한 기지개는 집중력을 잃었을 때뿐만 아니라 뭔가 일을 시작하기 전에 해도 효과가 있다.

보통 하루종일 컴퓨터 앞에 앉아서 작업을 하고 나서 어깨나 목의 근육이 뻐근해지면 기지개를 켜게 되는 것도 이러한 원리에서다. 그러므로 작업의 효율을 높이고 싶다면, 일을 시작하기 전에 미리 기지개를 켜보자. 그러면 뇌간망양체의 스위치가 작동하여 평소보다도 일이나 공부가 잘 될 것이다.

이제부터 싫증이 났을 때는 물론이고, 작업하기 전에도 기지개를 켜는 습관을 들여보자.

11 '라이벌'에게 지는 모습을 상상하면 의욕이 샘솟는다

　요즘에는 운동회에서 참가 학생 전원에게 일등상을 주거나, 성적 표가 상대평가에서 절대평가로 바뀌면서 경쟁 자체를 별로 선호하지 않는 경우도 있는 듯하다. 하지만 의욕을 끌어내기 위해서는 인간이 갖고 있는 경쟁 본능을 이용하는 것도 좋다. 주위에서 '저 녀석에게만은 지고 싶지 않아.'라는 생각이 들게 만드는 '라이벌'을 떠올리고, 자극제로 활용하는 것이다.

　심리학자인 다고 아키라 씨는 오래 전 구제중학에 다닐 무렵, 시험 공부에 집중하기 위해서 라이벌을 철저하게 이용했다고 한다. 그때 마침 그에게는 같은 고교를 지망하던 성적이 좋은 라이벌이 있었다.

　게다가 다고 씨는 그 라이벌의 모습을 단지 떠올리기만 한 것이 아니라, 아주 구체적으로 상상을 했다고 한다.

　당시의 중학생에게 있어 구제고교 학생은 선망의 대상이었다. 다고 씨도 하얀 선이 그려진 모자에 검은 망토, 굽이 있는 신발을 신고 세련된 모습으로 거리를 활보하는 것이 꿈이었다.

　그래서 다고 씨는 자신은 입학시험에 떨어지고, 라이벌인 친구만

합격하여 구제고 교복을 입고 거리를 당당하게 활보하는 모습을 상상했다. 그러자 '분하다, 절대로 질 수 없다!' 하는 경쟁 본능이 솟아올라서 공부에 매진할 수 있었다고 한다.

요즘 같으면, 자신이 시험에 떨어지는 부정적인 생각은 좋지 않다거나 이미지트레이닝은 긍정적인 생각만 하는 것이 좋다고 반론할지도 모른다. 하지만 어느 정도 현실감이 있는 편이 의욕을 끌어내는 데 자극제가 되어 긍정적으로 작용하는 경우도 있다.

다고 씨의 경우, 자신이 상대방을 제쳤을 때 맛보게 될 승리감보다는 졌을 때 느낄 초라함이 오히려 의욕을 이끌어내는 원동력이 된 경우다. '보상'이 아니라 일종의 '벌' 부담을 안고, 그렇게 되지 않도록 노력하자고 자신을 채찍질한 것이다.

그렇게 드라마에 나오는 듯한 뚜렷한 라이벌이 떠오르지 않더라도 생각을 조금만 바꾸면 머릿속에 떠오르는 누군가가 있지 않을까?

예를 들어, 마음속으로 자기보다 입장이나 능력이 분명히 한 수 아래라고 생각하는 사람이 있을 것이다. ― 설마 이 녀석이 나보다 먼저 승진하지는 않겠지. 혹시 방심하고 있다가 상대에게 선수를 뺏기면 어쩌지? ― 그런 생각만 해도 '녀석에게만은 지고 싶지 않아', '그 딴 녀석에게 질 수 없다!'라며 의욕이 솟아오르지 않을까?

12 싫어하는 일은 억지로라도 관심을 가져라

좋고 싫은 감정은 의욕과 직접적으로 연관되어 있다. '좋아하면 자연히 능숙해진다'는 말도 있듯이, 흥미나 관심 있는 일에는 노력하지 않아도 집중이 잘 되고 능력이나 기능도 쑥쑥 향상된다. 실제로 자신의 취미에 관한한 전문가 못지않게 정통한 사람들이 꽤 많지 않은가?

한편, 어떤 일에 대해 한 번 '싫다'는 감정을 갖게 되면, 아주 골치 아파진다. 좋아서 열심히 몰두하는 것과는 완전히 반대되는 상황이 벌어지기 때문이다. 당연히 처음부터 의욕이 안 나고, 막상 하려 해도 주의가 산만하여 일을 제대로 하지 못한다. 취미에 관한 것이라면 '흥미없다'며 안할 수 있지만, 그것이 일이나 공부라면 그럴 수도 없다.

따라서 의욕을 끌어내고 싶을 때는 가능한한 싫은 감정을 배제하고, 그 대상을 좋아하려고 노력하라. 흥미와 관심을 적극적으로 이끌어내기만 해도, 무슨 일이든 결과적으로 좋은 성과를 낼 수 있다.

그러면 어떻게 해야 '싫다'고 하는, 어떤 의미에서 본능에 가까운 감정을 정반대의 '좋아하는' 감정으로 바꿀 수 있을까?

한 심리학자에 의하면, 억지로라도 관심을 가져보는 것이 중요하다고 한다. 정말 그럴까 미심쩍어하는 사람도 있겠지만, 의외로 효과적인 방법이다. 실제로 그 심리학자는 어린 시절부터 뱀이 정말 싫었다고 한다. 과거에 뱀에게 무슨 봉변을 당한 기억도 없는데 말이다. 통설에는 태고 적에 인간이 뱀에게 속은 기억이 잠재의식에 남아 있기 때문이라고도 하지만, 우리 주위에는 뱀을 싫어하지 않는 사람도 있다.

그래서 그는 곰곰이 생각해 보았다. 좋고 싫고가 잠재의식으로 좌우되는 것이라면, 막연히 싫어하는 것은 뱀에게 실례가 아닐까. 그래서 발상을 조금 바꿨다. 자신이 싫어하는 뱀이 대체 어떤 동물인지 구체적으로 알기 위해서 조사하기 시작했던 것이다.

물론 이 시점에서도 여전히 끔찍할 정도로 뱀이 싫었다. 하지만 뱀에 관한 문헌을 읽고, 신화에 등장하는 이야기를 읽어나가는 동안에 점점 공포심이 사라졌다고 한다. 그리고 결국에는 좋아할 정도까지는 아니지만, 싫다는 감정은 없어졌다고 한다. 그는 스스로 적극적으로 다가감으로써 뱀에 대한 혐오감을 극복했던 것이다.

원래 '싫어한다'는 감정에는 논리적으로 말할 수 있는 명확한 이유보다는 단순히 마음에 들지 않아서 싫은 경우가 더 많다. 그러니 하기 싫은 일이 있어도 싫다고 단번에 외면하지 말고, 억지로라도 관심을 가져보면 어떨까? 앞에서 말한 심리학자처럼, 왜 싫은지 그 동기부터 생각해보는 것이 좋다. 싫어하는 감정을 억제할 수 있으면, 두려울 것이 없다.

일상 속에서 집중력을 향상하는 방법

- 우선 집중이 되지 않는 이유를 따져봐야 한다.

- TV나 라디오 때문에 주변이 너무 소란스럽다면 스위치를 끄거나 다른 조용한 곳으로 옮긴다.

- 개방된 공간보다는 폐쇄된 공간이 집중이 잘 된다. 또 개인마다 집중이 잘 되는 시간대가 있는데 이 시간을 최대한 활용한다.

- 자기가 집중하기 쉬운 환경, 즉 아침형인지 저녁형인지와 같이 집중하기 좋은 시간대를 아는 것도 중요하다.

- 잡념이 생기면 간단한 맨손체조를 하거나 세면으로 기분전환을 하는 것도 좋다.

- 목표를 명확히 세우는 것도 집중력 향상에 도움이 된다.

- 무리하지 않게 자기에게 맞는 목표를 정한다.

- '여기까지만 하고 쉬어야겠다'는 식으로 자기보상을 준다.

- 책상에는 만화책이나 연예인 사진같이 공부에 방해되는 물건을 두지 않고, 자주 들락날락하지 않는다.

- 할 수 있다고 믿고, 항상 머릿속에 성공한 자기 모습을 그린다.

- 마음의 고민 등 심리적인 영향으로 집중이 어려운 경우는 빨리 고민을 해결하는 것이 상책이다.

13 하기 싫은 일이나 공부는 '게임'처럼 하라

하기 싫은 일을 억지로 하거나 의무감에서 공부를 할 때는 집중하려고 해도 집중하기가 어렵다. 그래서 '싫다'는 감정을 억지로 '즐겁다, 좋아한다'는 감정으로 바꾸려고 노력해도 쉽지 않다. 그럴 때는 자신이 일을 적극적으로 주도하고 있다는 생각이 들도록 환경을 만들면 된다. 가장 손쉬운 방법이 일, 공부를 '게임'처럼 하는 것이다.

예를 들어, 매일 반복되는 전표 정리를 할 때도 하루에 정해진 만큼 처리하면 1승을 올린 것으로 한다. 이런 식으로 달성해야 할 목표를 정해서 ○×로 승패를 표시한다거나, 평소에 영어에 자신이 없는 사람이라면 영화를 볼 때 자막을 보지 않고 이해한 대사가 있으면 5점 등으로 점수를 매기는 것도 좋다.

모든 게임은 단조로운 행위의 반복이다. 일정한 틀에 따라 플레이를 하지 않으면 게임 자체는 사실 매우 단순한 행위의 반복에 지나지 않는다. 아무것도 걸지 않고 노름을 한다고 생각해 보자. 아마 15분도 채 안 되어 싫증이 나고 계속할 기분이 나지 않을 것이다. TV 음성 스위치를 끈 채 야구나 축구 중계를 관전한다고 생각해 보자. 경기장의 뜨거운 열기는 전혀 전해지지 않고 브라운관에 비치는 것은 거의 같은 동작의 반복일 뿐이다. 그래도 싫증을 내지 않고 꾹 참으면서 두 시간 동안 TV 앞에 앉아 있겠는가?

게임을 파헤쳐 보면 마지막에 남는 것은 변화가 거의 없는 단조로운 움직임뿐이다. 그렇다면 왜 이 게임이 극적인 장면을 전개하고, 사람들이 몰입하고 정신을 집중하게 되는가? 그것은 선수들이 어떤 목적을 향해서 승부를 겨루고 경쟁하는 심리적 요소가 큰 무게를 차지하고 있기 때문이다. 그래서 참가 선수들은 모두 게임 본래의 단순함을 잊고 집중할 수 있는 것이다.

그러므로 당신이 지금 하고 있는 공부나 일이 단순하고 지루하여 하고 싶은 의욕이 나지 않는다면, 당장이라도 목표를 설정하고 그 목표를 향하여 마치 승부를 겨루는 것과 같은 상황을 설정해 보는 것도 한 방법이다. 게임은 ‘쾌감 체험’을 주기 때문에 이것을 이용하여 승부나 일에 집중만 하면 되는 것이다.

만약 친구가 도와줄 수만 있다면 더욱 하기가 쉽다. 예를 들어 영어 단어를 하루 몇 개씩 암기할 수 있는지 서로 경쟁하기로 하고 점심값을 걸어본다면 어떨까? 매일 그렇게 할 수는 없겠지만, 스스로 목표를 정하고 자기 자신과 승부를 겨뤄보는 것은 가능한 일이다.

아이디어를 내서 게임화하면 지루하던 일이 즐거워지고, 어쩔 수 없이 한다는 자세에서 ‘내가 좋아서 한다’는 적극적인 자세로 바뀌게 된다.

14 어려운 주제는
기초부터 시작하라

"다음 주까지 기업연금에 대해 조사해 오도록." ―상사에게 갑자기 이런 지시를 받았다고 하자. 당신은 기업연금 따위 전혀 관심이 없다. 하지만 다음 주까지는 무슨 일이 있어도 보고서를 제출해야 한다. 일단 서점에 가보지만, 연금과 관련된 책은 산더미처럼 많고 도무지 어떤 책을 읽어야 할지 알 수가 없다. 이럴 때는 집중이고 뭐고 그저 앞이 막막하기만 하다.

이와 같이 골치 아픈 주제를 가지고 일하거나 공부해야 할 때는 처음 시작하는 방법에 각별히 주의해야 한다. 사람을 만날 때도 첫인상이 중요하지만, 음식이든 예술이든 뭔가를 맨 처음 대했을 때 맛이 없거나 난해해서 이해하기 어려웠다면 그 다음부터는 완전히 관심이 없어지는 경우가 많다.

골치 아픈 주제를 가지고 공부나 일을 해야 할 때 쉽게 시작할 수 있는 요령은 무엇일까? 그것은 뇌와 몸이 받아들이기 쉬운 것부터 시작하는 것이다. 구체적으로 말하면, 처음부터 열심히 한답시고 두꺼운 전문서적을 볼 것이 아니라 쉽게 쓰여진 얇은 입문서를 선택하는 것이 좋다.

예를 들어 '뇌내물질'에 대해 조사한다면, 곧바로 '뇌내물질에 관련된 전문서'를 읽을 것이 아니라, 먼저 '뇌의 구조'에 관한 간단한 입문서부터 읽어본다. '뇌의 구조'에 대한 책에서 '뇌내물질'에 대해 다루고 있는 부분은 몇 페이지에 불과하겠지만, 처음에는 그 정도로도 충분하다. 그렇게 일단은 뇌와 뇌내물질의 '위치 관계'를 아는 것이 중요하다.

단, 입문서를 읽을 때는 한 권으로만 끝내서는 안 된다. 입문서를 겨우 한 권 읽고 중급 이상의 전문서에 손을 대는 것은 무모한 일이다. 입문서는 전체를 대략적으로 파악하기 위해 쓰여진 것이기 때문에 생략된 부분도 많다. 더구나 내용을 쉽게 전달하기 위해서 비유를 자주 언급하는데, 그 비유 자체가 오히려 이해하기 어렵게 만들기도 한다. 따라서 입문서 한 권으로는 충분하지 않다는 사실을 염두에 두고 두세 권을 더 보는 것이 좋다. 그래야 전체적인 윤곽이 머릿속에 확실하게 들어올 것이다.

입문서를 몇 권 봤다면 그때부터 중급 이상의 전문서를 보기 시작한다. 대강의 골격을 알고 있기 때문에 자세한 설명도 머릿속에 쏙쏙 들어오게 되어 일이나 공부도 더 잘 될 것이다.

15 하던 일을 일부러 조금 남겨두고 중단하라

하나의 일을 완수하면 긴장이 풀려서 다음 일을 시작하는 데 시간이 걸린다. —이런 사람들에게 추천하고 싶은 비법이 있다. 예를 들어, 슬슬 퇴근 시간이 가까워지고 지금 하고 있는 일도 머지않아 끝날 것 같으면, 하던 일을 굳이 마무리짓지 말고 거기서 중단한다.

일을 하다가 말고 도중에 그만두다니, 집에 돌아가도 신경쓰여서 아무것도 할 수 없을 거라고 생각할는지 모른다. 그러나 여기서 잠깐, 의도적이 아니라 어쩌다 그렇게 되어 버린 상황을 상상해보자.

막차 시간까지 끝내려고 했던 일이 생각대로 진척되지 않아 다 마무리짓지 못한 채 회사에서 나왔다고 하자. 이 사람은 돌아가는 차에서도, 집에 가서도 그 일이 계속 머릿속에 남아 있게 될 것이다. 그리고 다음 날 아침에 일어나면, 가능한한 빨리 출근해서 일을 마무리짓고 싶을 것이다. 평소에는 일에 대한 의욕이 별로 없는 사람이라도 빨리 일을 하고 싶다는 욕구가 절로 생기지 않을까? 즉, 의도적인 중단은 일하고 싶은 상태를 스스로 만드는 것이라고 할 수 있다.

시간 내에 끝낼 수 있는 일이 있으면, 완성되기 직전에 손을 뗀다.

그러면, 다음 날은 전날 남겨둔 일이 마음에 걸려서 굳이 노력하지 않아도 쉽게 일을 시작할 수 있다. 그리고 일부러 남겨둔 일을 다시 시작하는 것은 일 전체에 대해서도 좋은 도움닫기 효과가 될 것이다. 남겨둔 일은 특별한 상황이 아니라면 문제 없이 잘 끝날 테니, 그 흐름을 타서 다음 일을 할 때도 더 쉽게 일을 시작할 수 있을 것이다.

이것은 '빨리 끝내고 싶다'는 정신적인 작용을 이용한 집중력 향상 방법의 하나로, 실제로 머릿속에서도 집중력이 빠르게 생길 수 있는 환경이 조성된다.

사람이 집중하여 작업을 하고 있을 때, 머릿속은 일종의 긴장 상태에 놓이게 된다. 일이 끝나면 그 긴장은 풀린다. 그런데 일시적으로 작업을 중단하면, 긴장이 머릿속에 계속 남게 된다. 즉, 일부러 일을 중단함으로써 머릿속은 집중할 수 있는 상태를 유지하게 된다. 따라서 다시 시작했을 때, 완전히 집중할 수 있는 것이다.

즉, 하나의 공부나 일을 끝내고 다음으로 넘어갈 경우 웬만해서는 시동이 잘 걸리지 않는다고 하는 사람들은 새로운 일을 앞에 놓고 집중되지 않는 상태에서 조바심내며 시간을 낭비하기보다는 앞서 하던 일을 결말짓지 말고 일시 중단하여 긴장을 남겨둠으로써 다시 시작했을 때 빨리 새로운 집중력을 끌어모을 수 있게 하는 것이 좋다.

쉬지 않고 일을 하면 뇌도 피곤해질 테니, 요즘들어 집중이 잘 안 된다고 느껴진다면 한번 시험해보는 것이 어떨까?

16 정말로 의욕이 없을 때는 아무것도 하지 말라

자기 자신을 객관적인 입장에서 냉철하게 돌아본다는 것은 말로는 쉽지만 실행하기는 어려운 일이다. 달리 생각해 보더라도 역시 불안과 초조감이 사라지지 않고 집중이 되지 않을 때에는 대담하게 그 일로부터 완전히 손을 놓아버리는 것도 한 방법이다.

인간에게는 누구나 자신을 향상시키고 싶다거나, 사회를 위해 도움이 되고 싶다는 사회적인 욕구가 있다. 그리고 그것이 충족되지 않으면, '정신적 기아'를 느끼게 된다.

'스즈키 메소드(Suzuki method)'는 유아교육의 권위자인 바이올리니스트 스즈키 신이치 씨가 개발한 세계적으로도 유명한 연주법을 말한다. 그 내용은 단순한 연주법이 아니라, 사람이 살아가는 방법이나 자세까지 다루고 있어 인생교본으로도 활용된다.

그 스즈키 메소드의 창설자인 스즈키 씨가 예전에 바이올린 교실에서 아이들에게 바이올린을 가르칠 때 한 가지 철칙이 있었다고 한다. 그것은 아이들이 스스로 바이올린을 켜고 싶다는 생각이 들 때까지 바이올린에 손을 대서는 안 된다는 것이었다.

처음에는 바이올린을 켜고 싶지 않았던 아이도 교실에서 다른 아이가 연주하는 모습을 보고 있자면 점점 바이올린을 켜고 싶어지기 마련이다. 그러면 아이들의 '정신적 기아'가 최고수위에 이르렀을 때 비로소 바이올린을 쥐게 한다. 이렇게 자발적으로 의욕이 생긴 아이는 부모의 손에 이끌려 억지로 배우는 아이보다 배우는 속도가 훨씬 빠르다고 한다.

그러므로 눈앞에 놓인 일이 하기 싫을 때는 이 방법을 응용하여 자기 안에 있는 '정신적 기아'가 최고조에 이를 때까지 아예 일을 시작하지 않는 방법도 있다. 자기 안에서부터 강력한 욕구가 솟아오를 때까지는 괜히 책상 앞에 붙어 있지 말고 그대로 놔두는 것이다.

인간의 내면에서 일어나는 욕구의 에너지는 가히 놀라운 것이다. 자신을 벼랑끝으로 내몰지는 않더라도, 해야 할 일이 손에 잡히지 않을 때는 완전히 손을 떼고 '정신적 기아' 상태가 오기를 기다려보자.

인간은 무한한 가능성의 보따리다.
그의 인생이 끝나기 전에
인생이 그에게서 무엇을 꺼내는가에 따라
그의 가치가 결정된다.

어려운 일을 해결하기 위한 방법

- 나를 가치 있게 평가하고 자기 연민을 없애자.
- 나만을 생각하지 말고 남을 돕자.
- 지금 내가 해야 할 일이 무엇인지 생각하고 기쁜 마음으로 행동하자.
- 나 혼자만 무거운 짐을 지고 있다고 생각하지 말자.
- 일을 좋아하도록 하자. 그러면 힘든 것이 아니라 즐거운 것이 된다. 마음을 바꾸면 상황이 변한다.
- 계획을 세우자. 계획이 없으면 무엇부터 시작해야 할지 모른다.
- 한꺼번에 처리하려고 하지 말고 나누어서 하나씩 처리하자.
- 일이 어렵다고 생각하면 나 자신이 그 일을 더욱 어렵게 만드는 결과가 된다. 문제가 쉽다고 생각하면 그 일은 훨씬 더 쉽게 풀린다.
- 긴장을 풀고 여유있는 자세를 갖고 일을 미루지 말자. 미루면 문제를 해결하기가 더욱 어려워진다.
- 문제를 바르고 정확히 보는 눈을 갖자.

'동기유발'을 위한 자기암시

- 나의 자존감을 키우자.
- 나만이 할 수 있는 일을 찾아 그 일을 하자.
- 생활에 명확한 목표를 갖고 행동하자.
- 일하고 싶은 기분이 들 때까지 기다리지 말고 즉시 행동하자.
- '나는 할 수 있다'고 굳게 믿으며 분발하자.
- 조금만 더 노력하고 인내하자.
- 조금만 더 격려하고 뜨거운 정열을 갖고 행동하자.

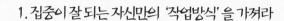 집중력을 향상시키는 14가지 비결

1. 집중이 잘 되는 자신만의 '작업방식'을 가져라

2. 그러나 '나만의 방식'에 너무 연연하지는 말라

3. 자신의 목적을 하나로 압축하여 표적을 좁혀라

4. 단순 작업을 할 때 음악은 지루함을 해소시킨다

5. 너무 조용한 환경에서는 오히려 주의가 산만해지기 쉽다

6. 책상 위는 최대한 단순하게 꾸며라

7. 집중하기 시작했다면 주변환경을 그대로 유지하라

8. 책상이 놓인 위치를 점검하라

9. 책상과 의자의 높이는 30cm 차가 적당하다

10. 조명이 너무 밝으면 주의력이 분산된다

11. 시계보다는 타이머를 활용하라

12. 껌을 씹으면 집중력이 살아난다

13. 아로마테라피 효과를 이용하라

14. 개인적 근심거리는 빨리 해결책을 찾아라

part

3

집중력을
향상시키는
14가지
비결

1 집중이 잘 되는
자신만의 '작업방식'을 가져라

  한번 집중을 하면 웬만한 일에는 꿈쩍도 안하는 사람은 대체로 자기만의 '집중이 잘 되는 작업방식'을 갖고 있다. 반대로 말하면, 그런 방식을 갖는 것은 주의를 흐트러뜨리지 않는 최선의 예방책이라고도 할 수 있다. 그렇다면 어떻게 해야 그런 방식을 습득할 수 있을까?

  사람에 따라 마음이 차분해지는 방의 인테리어가 다 다르듯이, 어떤 사람에게는 놀라울 정도로 집중이 잘 되는 환경도 다른 사람에게는 오히려 산만하게 느껴질 수가 있다.

  매일 착실하게 원고를 써내려가는 작가 중에는 자기만의 집필 방식을 갖고 있는 사람이 많다. 예를 들어, 추리작가 에도가와 란포의 집필 방식은 꽤나 별나다. 집필 장소는 회벽으로 칠해진 광 안, 시간대는 한밤중, 그리고 주위에 누드사진이나 괴이한 물건을 두고서 집필한다고 한다. 주위에서 보면 약간 섬뜩한 광경이지만, 그야말로 란포다운 작품이 나올만한 분위기가 아닌가? 정갈한 서재에서 이른 아침부터 글을 썼다면, 명탐정 아케치 고고로(에도가와 란포의 추리소설에 등장하는 주인공)의 움직임도 지금과 달리 어딘가 어색했을지 모를 일이다.

물론 이것은 어디까지나 란포 특유의 작업방식이며, 이것이 그에게는 매우 집중하여 일에 몰두할 수 있는 환경이었던 셈이다. 이 작업방식에 발을 들여놓는 순간, 그는 조건반사처럼 신경이 예리해지면서 글을 쓰기 위한 자세가 갖추어진 것이다.

우리도 그런 자기만의 '방식'을 하나씩 갖고 있으면, 주의가 산만해졌을 때도 짜증을 내지 않고 차분하게 대처할 수 있을 것이다. 집중하려고 생각한 순간 바로 정신을 한데 모아 집중력을 지속할 수 있는 자신만의 방식을 찾기 위해서는, 최소한 세 가지는 미리 정해야 한다. 그것은 '장소'와 '시간대' 그리고 '작업을 할 때의 자세'이다.

나를 먼저 변화시켜라

시련을 두려워하지 말라.

만나는 사람 모두를 삶의 스승으로 여겨라.

뿌리깊은 고정관념을 버려라. 집착할수록 그것으로부터 멀어진다.

늘 긍정적으로 생각하라. 세상 일은 생각대로 된다.

삶은 투쟁이 아니다. 사랑의 눈으로 이웃과 세상을 보라.

과거를 후회하거나 미래를 걱정하지 말라. 오직 현재를 소중히 여겨라.

상대를 동반자로 여겨라. 사랑한다면 상대를 그대로 인정하고 사랑하라.

세상을 변화시키려 하지 말고 먼저 나 자신을 변화시켜라.

2 그러나 '나만의 방식'에 너무 연연하지는 말라

앞에서도 말했지만, 집중이 잘 되는 '나만의 방식'인 집중 존을 만드는 것은 매우 중요하다. 하지만 한 가지 주의해야 할 점은 자신의 스타일에 너무 연연해서는 안 된다는 것이다.

물론, 마음이 차분해지는 환경을 잘 알아두는 것은 매우 중요하다. 다만, 그런 환경은 항상 갖추어지는 것이 아니라 변할 수 있음을 명심해야 한다. '나만의 방식'에 너무 연연하다 보면 언젠가 큰 코 다칠 날이 있을 수도 있다.

예를 들어, 집중이 잘 되는 장소는 우아한 카페에, 시간대는 늦은 오후, 작업을 할 때의 자세는 노트북을 보며 오른손으로 커피를 마신다는 자신만의 방식이 확실한 사람이 있다고 하자. 그런 환경에 있으면, 회사에서는 떠오르지 않던 기발한 아이디어가 생각난다거나 진행이 더디던 일의 속도가 일사천리로 이루어진다.

그런데, 어느 날 상사로부터 갑자기 "자네, 오후까지 기획안 몇 개만 제출하게."라는 지시가 떨어졌다.

그런 상황에서 자신의 방식에 너무 연연하다 보면 낭패를 본다.

"기획안을 만들어 오겠습니다." 하면서 카페에 갈 수는 없는 노릇이다. 하지만 어수선한 회사 내에서는 주의가 산만해서 도무지 묘안이 떠오르지 않는다. '카페에 가서 조용히 생각하면 얼마나 좋을까?' 라고 생각하는 동안에도 시계 바늘은 계속 움직인다……

자신의 방식에 너무 의지하다 보면, 그것이 갖추어져 있지 않은 순간 작업에 차질이 생길 가능성이 많다. 그렇게 되면, 모처럼 자신만의 방식을 찾았어도 아무런 소용이 없다. 순발력이 없는 무능한 사람이 되고 만다. 집중이 잘 되는 '방식' 을 갖는다는 것은 그 이외의 장소에서는 집중하지 못해도 괜찮다는 뜻이 아니다.

자신은 그렇게까지 방식에 집착하지 않는다는 사람도, 사실은 '~라면' '~했다면' 이라는 말을 자주 할 것이다. '아침 한 시간 정도라면 집중이 잘 된다' 라든가 '집이었다면' '금요일이었다면' '조금만 조용한 장소였다면'…… 그런 말의 배후에는 '그래서 지금 여기에서는 집중하지 못한다' 라는 생각이 깔려 있다. 그것은 처음부터 집중하는 것을 포기하는 것과 마찬가지다. 굳이 말하려면 '나는 아주 집중을 잘 한다' 라고 긍정적인 말을 쓰도록 한다.

직장에서든 어디서든 자신이 처한 환경에 만족하는 것은 아주 긍정적인 사고방식이다. 자신만의 방식을 갖는 것은 주의가 산만해질 때를 대비한 하나의 예방책 정도로 생각해 두자.

3 자신의 목적을 하나로 압축하여 표적을 좁혀라

메이저리그에서 활약하는 이치로 선수가 아직 일본에 있을 때의 일이다. 그는 어느 날 연습을 하기 위해 투수를 붙여서 30~40분 정도 배팅 연습을 했다. 그 정도의 시간이면, 배팅 투수는 대체로 100 구를 넘는 정도의 공을 던진다.

그런데 이치로 선수가 친 공은 그 중에 겨우 네 개뿐이었다. 나중에는 몸을 꼼짝도 하지 않은 채, 날아오는 공을 계속 보내기만 했다고 한다. 대체 왜 그랬을까?

배팅 투수가 던진 공이 거의 볼이었기 때문에? 아니다. 투구는 거의 다 스트라이크였음에도 불구하고 이치로 선수는 네 개만을 확인하고 쳤던 것이다.

타자의 심리로 볼 때, 스트라이크 존에 온 공은 어떻게든 마음껏 휘두르고 싶은 것이 보통이다. 아니, 그런 욕구가 나오기 전에 프로의 몸은 공에 본능적으로 반응하게 된다. 그런데 이치로 선수는 미동도 하지 않았던 것이다.

그 이유가 무엇이었을까? 그것은 그가 처음부터 노렸던 공이 아니었기 때문이다. 그가 노린 공은 스트라이크 존으로 오는 공 가운데서도 일정한 코스의, 그것도 일정한 높이에서 오는 공이었다. 그 공이 100구 이상 던져진 공 중에서 그가 배트를 휘두른 네 개였던 셈이다.

그는 전 시합에서, 그 높이에서 오는 공을 받아쳐서 안타를 만들었다. 하지만 그때 친 타구의 이미지와 공을 잡았을 때의 손의 감촉, 허리의 회전과 같은 몸의 감각이 상상하던 것과 달랐다. 그래서 그 차이를 수정하려는 목적으로 연습에 임했던 것이다.

집중해서 일하고 싶어도 일이 좀처럼 손에 잡히지 않을 때는 이치로 선수처럼 목적을 하나로 압축하는 방법이 효과적이다. 목표를 크게 확대하여 표적을 좁히면, 산만하던 의식이 한 점에 모이게 된다. 그곳을 집중력의 입구로 만들면, 그 다음에 하는 작업이 수월하게 진행될 것이다.

더구나 평소에 목표를 압축하는 습관을 들여 놓으면, 주위의 환경에 좌우되지 않게 돼 집중력도 강화된다. 이치로 선수는 위기에 몰렸을 때나 기회가 왔을 때나 냉정한 판단력을 갖고 자신의 실력을 발휘한다. 그것이 그의 뛰어난 집중력에서 오는 것임은 말할 것도 없다.

즐길 힘이 있는데도 그럴 기회가
좀처럼 오지 않는 것이 인생의 전반이며,
후반에는 그럴 기회가 많은데도
즐길 수 있는 힘이 없다.

목적의식은 최고의 인생으로 가는 지름길이다

무엇을 위해, 누구를 위해 인생을 사는가를 아는 것은 자기 능력을 최고로 발휘할 수 있게 하는 원동력이 된다. 많은 사람들이 자기에게 주어진 일을 별 의욕 없이 적당히 하면서 살아가는 이유는 바른 목적의식이 없기 때문이다. 많은 젊은이들이 게으른 것도 왜 이 일을 해야 하는가 목적의식이 약하기 때문이다. 그러나 목적의식이 분명한 사람은 자기가 가진 열정과 재능의 150%를 쏟아낸다. 그것은 기적과도 같은 결과를 가져온다.

또한 목적의식이 분명하면 현실의 역경을 극복할 수 있는 힘이 생긴다. 대학에서 공부하고 있는 아들을 생각하며 힘든 노동일을 기쁘게 감당하는 어머니, 최고가 되기 위해 혹독한 훈련을 감내하는 선수의 얼굴을 보라. 목적의식은 바로 그런 사람들 가슴속에 타오르는 열정 같은 것이다.

목적의식이 분명하면 삶의 잔가지들을 정리한다. 이것저것 하느라 힘과 시간을 분산시켜선 안 되기 때문에 삶이 큰 가지를 중심으로 펼쳐진다. 당신이 모든 사람의 친구가 되어 줄 수 없고, 세상의 모든 좋은 일들을 다 할 수 없다. 다 잘 하려고 하면 나중엔 아무것도 확실히 하는 게 없게 된다. 자신의 인생을 간결하게 정리하여 자신의 역량을 한두 군데로 집중하도록 하라. 지금 당장에라도 홀로 조용히 앉아 자신의 목적의식, 인생의 비전을 한번 써 보는 것이 어떨까?

목적의식은 꿈이라고도 할 수 있고, 인생에서 궁극적으로 이루고 싶은 목표라고도 할 수 있다. 미룰 일이 아니다. 바로 지금 결단하라. 기도하는 심정으로 올바른 목적의식을 세우고, 그것을 향해 불꽃같이 매진하라. 그것이 최고의 인생으로 가는 지름길이다.

4 | 단순 작업을 할 때 음악은 지루함을 해소시킨다

일찍이 부모로부터 "음악을 들으면서 공부가 머리에 들어오니?" 라는 소리를 들었던 경험이 있을 것이다.

그런데 이런 실험 결과가 있다.

학생이나 은행원에게 음악이 흐르는 동안 간단한 작업을 하게 해서 음악이 작업에 미치는 영향을 조사한 결과, 음악은 여러 가지 면에서 긍정적으로 작용한다는 사실이 밝혀졌다.

첫째로, 음악을 들으면 정신적 긴장을 완화하고 소음을 없애주어 단순 작업에서 느끼는 지루함을 감소시키는 효과가 있다고 한다.

두 번째로는 작업하는 동안에 쓸데없는 잡담이 줄어들고, 음악의 리듬과 작업의 템포가 어우러지면 음악에 따라 작업 효율이 오른다는 사실도 밝혀졌다.

이런 결과를 통해, 비교적 단순한 작업을 할 때는 음악을 틀어놓고 쉬면서 작업을 진행하면 능률이 오른다는 사실을 알 수 있다. TV처럼 눈을 빼앗기지 않는 한, 음악은 집중력을 저해한다고 할 수 없다.

집중이 잘 되는 환경은 사람마다 다르다. 본인이 공부나 일을 할 때 집중할 수 있다면 음악을 들어도 상관없다. 단, 원고를 쓰거나 어려운 문제를 푸는 등 고도의 판단력을 필요로 하는 작업에는 음악이 방해가 된다는 사실도 이 실험을 통해 밝혀졌다. 역시 머리를 정리하면서 생각에 잠기고 싶을 때는 음악을 듣지 않는 편이 좋다.

또한 곡의 선택도 중요하다. 음악의 취향은 사람마다 다 다르지만, 일반적으로 집중을 방해하지 않는 곡은 바로크 음악과 같은 단조로운 곡이나 호텔 커피숍에서 흘러나오는 것처럼 듣기 편한 곡이 적당하다고 한다.

다만, 이런 조건에 충족해도 자기가 좋아하는 곡은 피하는 것이 좋다. 좋아하는 곡은 자기도 모르게 몰입해서 듣기 마련이다. 이래서는 일보다 음악에 집중하게 된다. 그러므로 음악은 용도에 맞게 선택해서 듣도록 한다.

흔히 인적이 없는 적막한 산중에서는 마음이 안정되고 독서가 잘될 거라고 생각하지만, 반대로 마음이 오히려 흐트러지고 집중이 잘되지 않는 경우가 많다.

그러므로 집중하기 위해서 어느 정도 조용한 환경은 필요하겠지만 지나치게 정적이 감도는 환경보다는 감미로운 음악이나 부드러운 배경음악을 들음으로써 다른 소음에 정신이 팔리지 않도록 차단해 주는 것이 어떨까?

5 | 너무 조용한 환경에서는 오히려 주의가 산만해지기 쉽다

두꺼운 방음벽으로 둘러싸인 좁은 실험실 안에 학생들을 들여보낸 다음, 그 안에 있을 때의 그들의 심리상태를 조사한 실험 결과가 있다. 소리가 차단된 공간에 있었기 때문에 매우 안정된 상태일 것이라고 예상했지만, 실제는 그렇지 않았다. 학생들은 자신이 내쉬는 숨소리나 심장 고동소리까지 느낄 정도로 신경이 예민해져 매우 불안정한 상태였다. 소리가 너무 크게 들려서 오히려 긴장 상태에 빠졌던 것이다.

소리 같은 외부 자극을 최대한 줄일 경우, 인간의 심신 기능이 어떻게 변하는가를 자세히 조사한 연구도 있다. 미국 프린스턴 대학의 버논(John Vernon)을 주축으로 한 심리학자 그룹에 의한 감각차단 실험이 그것이다. 이 실험에서는 완전히 방음 처리된 방을 준비했다. 방 안의 온도와 습도는 적정 수준을 유지하되, 빛은 차단되었다. 몸에 닿을 만한 물건도 소리도 냄새도 없는, 오감(五感)에 대한 자극이 최소한으로 억제된 암실이었다.

자, 그럼 이 작은 방에 들어간 피험자들은 어떤 행동을 했을까?

먼저 방에 들어가면 할 일이 없으므로 대부분 잠을 잔다. 하지만 충분히 수면을 취하고 나면, 이번엔 불안정한 모습을 보이기 시작한다. 노래를 부르거나 손뼉을 치는 등, 스스로 청각이나 촉각이 작용하는지 확인하려고 자극을 주게 된다. 하지만 결국 피험자 대부분은 이틀 만에 포기하고 밖으로 나와 버렸다고 한다. 즉, 인간은 자극이 전혀 없는 환경에 놓이면, 정상적인 정신활동에 지장을 받는 것이다.

어느 정도의 소음 같은 자극이 있으면, 인간은 그 소음으로부터 몸을 지키기 위해서 자폐상태, 즉 그 소음에 대한 방어벽을 만드는데 그것이 오히려 집중력을 발휘하게 만들기도 한다.

가령, 찻집과 같이 소란스러운 곳에서 집중할 수 있는 이유는 몸이 소음을 차단하려고 반응하기 때문이다. 반대로 너무 조용한 환경에서는 소음에 대한 방어벽이 만들어지지 못하므로, 오히려 마음에 동요가 일어나고 마음의 움직임이 흐트러져 불안감을 느끼게 된다.

사무실이 쥐 죽은 듯이 조용하면, 오히려 일을 하기 어려웠던 경험이 있을 것이다. 너무 조용한 음식점에서 밥을 먹어도 돌을 씹는 듯 마음이 불편하고, 인기척이 없는 고요한 비경에 몸을 맡기고 있으면 때로 불안한 마음이 들기도 한다.

인간은 어느 정도의 소음에 둘러싸여 있을 때 오히려 안정감을 느끼는 경향이 있다. 그러므로 전화벨 소리가 시끄럽거나 귀에 거슬리는 소리가 난다고 해서 곧바로 신경질적으로 반응할 필요는 없다. 약간 소란스러우면 집중이 더 잘 된다고 생각하는 편이 정신건강을 위해서도 좋을 테니까.

자신감을 키워주는 뇌호흡 명상

중요한 일을 앞두고 있을 때나 자신감이 떨어져 심리적으로 힘들 때 이 명상을 통해 자신감을 회복하고 심리적 긴장을 풀 수 있다.

자리에 앉아 깊은 호흡을 세 번 반복하고 두 손을 천천히 모아 손을 벌렸다 오므렸다 하면서 뇌와 손 사이의 느낌에 집중한다. 그리고 자신 앞에 놓여 있는 중요한 일을 순서대로 그려본다. 그 일의 준비 단계와 실행 단계, 마무리 단계까지 완벽하게 시뮬레이션화하여 냄새나 소리가 들릴 만큼 생생히 떠올린다. 그리고 마지막으로 그 일에 성공하여 기뻐하는 자신의 모습을 떠올리면서 진심을 담아 '나는 할 수 있다'고 세 번 말한다. 마음이 안정되고 자신감이 생기면 크게 세 번 호흡하고 마무리한다.

화를 내거나 스트레스를 받을 때는 호흡이 짧아지고 얕아진다. 따라서 반대로 크게 들이쉬고 내쉬는 심호흡을 하게 되면 스트레스가 줄어드는 것을 느낄 수 있다. 심호흡을 할 때는 배꼽 아래 3cm쯤에 '관원혈'이라는 곳이 있는데 그곳까지 천천히 숨을 들이쉬고 천천히 내쉰다. 이것을 5번 정도 반복하면 편안한 느낌을 얻을 수 있다.

두 눈을 감고 온몸의 힘을 뺀 상태에서 "나는 오늘도 행복하다. 기분이 안정되어 있다."라고 3번 정도 외워도 기분이 달라진 것을 느낄 것이다.

6 책상 위는 최대한 단순하게 꾸며라

일이나 공부를 하다가도, 어느새 의식이 훌쩍 어디론가 날아가 버릴 때가 있다. 이럴 때 우리는 "문득 정신을 차려보면 멍하니 앉아 있었다."라고 말한다.

뇌가 딴 생각을 하기 시작하는 경로는 명확하다.

먼저, 하고 있던 작업과는 관계없는 것이 시야에 들어온다 → 그것을 인식한다 → 무언가를 연상한다 → 일과는 관계없는 생각에 빠진다 → 그 상태로 연상이 계속 확산된다……

여기서 중요한 것은, 상상의 세계에 빠져들 때 그 계기가 대개 시각적인 정보에서부터 시작된다는 것이다. 인간의 오감(五感) 중에 가장 발달한 것이 시각이다. 따라서 집중력을 방해하는 것은 청각이나 후각이 아니라 대부분 시각을 통해 입수하는 정보인 것이다.

그러므로 일을 하다가도 머릿속에 문득 딴 생각이 떠오를 때는 책상 위를 살펴보라. 읽다 만 잡지나 달력, 여기저기 붙여놓은 메모지, 화려한 그림이 그려진 머그컵 등 당신의 주변에 '시각적 장애물'이 많이 있지는 않은가? 그렇다면, 이러한 장애물은 바로 치우는 것이 좋다.

　원래 인간의 주의력은 가만히 놔두면 흐트러지기 마련이다. 서류를 읽으면서 무심코 딴 생각을 하거나, 긴장이 풀리면 실수도 연발한다. 그런데도 책상 위에 자신의 눈을 즐겁게 하는 물건을 놓아두는 것은, 스스로 주의가 산만해지기를 바라는 것이나 다름없다. 이것은 스스로 유원지에 간 사람이 시끄러워서 집중할 수가 없다고 불평하는 것과 마찬가지다.

　그렇다고 사무실이나 방을 경찰서 취조실처럼 살풍경하게 만들라는 말은 아니다. 경찰서 취조실은 세계 어느 나라를 가나 하나같이 액자나 화분 하나 없이 잿빛 벽에 책상과 의자만 덩그러니 놓여 있을 뿐이다. 이것은 피의자가 경찰의 질문에 얼버무리거나 쓸데없는 이야기를 하지 못하도록 일부러 그렇게 한 것이다. 눈길을 끌 만한 물건들을 없앰으로써 정신이 딴 데 팔리는 것을 원천봉쇄하는 것이다.

　자기 자신을 그렇게까지 몰아붙일 필요는 없지만, 주의력을 분산시킬 만한 요소가 있다면 가능한한 배제하는 것이 좋다. 단, 살풍경이 아니라 심플함이 기본이다.

　앞서 일을 시작하기 어려울 때도 책상 위를 깨끗이 정리하면 워밍업이 된다고 소개했는데, 책상 위를 단순하게 꾸미는 것은 주의가 산만해지는 것에 대비한 예방책이기도 하다.

정신을 집중할 수 있는 공부방 분위기

- 책상 : 책상 위에는 꼭 필요한 것만 올려놓는다.
  서랍은 빈 상자를 이용해 잘 정리해 둔다.
- 의자 : 너무 딱딱하면 엉덩이가 아프고 허리도 불편하므로 푹신한 방석
  을 깔아 놓는다.
- 조명 : 방안 전체 조명은 조금 약하게 하고 책상 위의 스탠드 조명은 강
  하게 한다. 단, 조도 차이가 너무 크지 않도록 한다.
- 메모판 : 책상 옆 벽에 작은 메모판을 걸고 학습 목표와 구체적인 계획
  을 적어놓는다. 한눈에 잘 나타나 계획적으로 공부할 수 있다.
- 시계 : 의자에 앉았을 때 눈에 가장 잘 띄는 장소에 둔다.
- 그림 : 푸른 숲이나 호수를 배경으로 한 풍경 그림은 기분을 가라앉힐
  수 있다. 자기가 존경하는 인물의 사진을 붙여 놓는 것도 좋다.
- 컴퓨터 : 컴퓨터 게임에 지나치게 빠져들지 않도록 자기 통제를 확실히
  하고, 게임과 현실세계를 엄격히 구분지을 수 있도록 자기 판단
  력을 길러야 한다. 컴퓨터와의 대화보다 직접 만나는 대인관계
  를 중시하도록 한다. 부모들은 자녀가 게임 등에 너무 깊이 빠져
  들지 않도록 통제될 수 있는 거실에 컴퓨터를 놓아야 한다.
- 핸드폰 : 핸드폰은 우정을 나누는 도구의 기능보다는 공부하는 데 집중
  할 수 없게 만드는 역기능이 훨씬 더 크다.
- 바람직한 자세 : 엉덩이를 의자 등에 바짝 붙이고 허리를 반듯하게 펴
  고 앉아서 책을 눈으로부터 30cm 정도 떨어진 위치에 놓는다.

7 집중하기 시작했다면 주변환경을 그대로 유지하라

집중력을 유지하기 위해서는 책상 위를 단순하게 하는 것이 원칙이지만 예외도 있다. 그것은 바로 일에 집중해서 한차례 상승 분위기를 탔을 때이다. 이럴 때는 책상을 정리하지 말고, 주변을 그대로 놔두는 편이 좋다(너무 까다롭게 군다고 불평하지 마라. 의욕이나 집중력은 섬세한 것으로, 그것을 조절하기 위해서는 나름대로 전략이 필요하다).

예를 들어, 주변에 어수선하게 놓인 물건을 치우고 깔끔해진 책상에서 일을 시작했더니 컨디션이 좋아서 집중이 잘 됐다고 치자. 그러면 그날은 만족해서, 그 상태대로라면 내일도 잘 될 것이라고 생각한다. 그래서 다음 날도 책상을 깨끗이 치우고 다시 책상 앞에 앉는다. 그런데 웬일인지 집중이 잘 되지 않아 어제처럼 일이 진척되지 않는다. 책상의 먼지와 함께 집중력까지 어디론가 사라진 모양이다.

주변에서 흔히 말하는 일반적인 속설을 믿는 편은 아니지만, 집중이 잘 될 때는 모든 것을 그대로 놔두고 주변 환경을 현상 유지하는 데 주력하는 것이 좋다. 모처럼 좋은 흐름을 탄 환경을 일부러 바꿀 필요는 없는 것이다.

전업 작가들이 글을 쓰기 위해 주변을 관리하는 것을 봐도, 책상이나 방을 그대로 유지하는 데 신경을 쓰는 사람이 많다. 작가들이 쓰는 글은 하루에 원고지 몇 장을 쓰겠다고 해서 계획대로 써지는 그런 성질의 것이 아니다. 따라서 분위기를 탔을 때의 그 흐름을 매우 중요하게 여긴다. 따라서 그럴 때 흐름을 끊는 것은 가능한한 피하고자 하는 것이다.

원고를 쓰기 시작해서 분위기를 타게 되면, 책상 위를 깔끔하게 유지하기란 어려운 일이다. 책상 주위에는 자료나 책 등이 자연스레 쌓이기 시작한다. 주위에서 보면, 그저 어수선하고 산만하게만 보일 것이다. 하지만 그 환경에서 어제도 그제도 원고를 잘 써왔다. 따라서 작가는 오늘도 그대로 둔 채 원고를 쓸 생각이다.

이때, 작가들의 집중력에 지장을 주는 것이 있다면, 그것은 방을 청소하는 누군가의 공연한 참견일 뿐이다. 이 경우 어수선한 환경이야말로 집중력을 유지하는 데 반드시 필요한 요소인 것이다.

행위 자체를 중단해도 환경이 그대로이기 때문에 가벼운 워밍업만으로 바로 집중할 수 있다.

새는 알 속에서 빠져 나오려고 싸운다.
알은 세계이다.
새로 태어나기를 원하는 자는
하나의 세계를 파괴하지 않으면 안 된다.

8 | 책상이 놓인 위치를 점검하라

    일반적으로 연구실이나 공부방의 책상은 입구 쪽에 등을 보인 채 두 개의 벽면에 접하도록 한쪽 구석에 놓여 있는 경우가 많다. 그 이유는 뭔가에 기대고 있다는 기분이 들어 마음이 안정된다고 생각하기 때문이다. 전철을 탈 때 바깥쪽 좌석부터 앉는다거나 찻집에 들어가 벽쪽에 위치한 자리에 앉는 것도 비슷한 심리이다.

    그런데 입구 쪽을 등지고 앉아 벽이나 창을 향해 놓인 책상에서 공부를 해보면 처음에는 집중이 잘 되었지만 얼마 안 가서 집중이 잘 안 되는 경우가 있다. 등쪽에 뭔가 불안감을 느끼기 때문이다.

    호러 영화나 서스펜스 영화 등을 보고 있으면, 배후에서 인기척이 들리거나 뒤쪽에서 갑자기 무슨 소리가 나는 장면이 나올 때마다 흠칫 놀라곤 한다. 시야가 닿는 앞쪽이라면 무슨 일이 일어날지 어느 정도 예측이 가능하지만, 등 뒤에서 일어나는 일은 눈으로 보지 못하기 때문에 더 큰 불안감을 느끼는 것이다. 인간의 습성으로 볼 때, 확실히 의식하지는 않지만 등 뒤에서 불안감을 잘 느끼는 것은 분명하다. 그것은 공포감을 느껴서 오싹할 때 '등골이 서늘하다'라고 표현하는 것만 봐도 알 수 있다.

그러므로 방에서 일이나 공부를 할 때 좀처럼 집중이 안 된다면, 책상의 위치에 원인이 있을 수도 있다. 당신의 책상은 방 구석진 곳에 있는 창가나 벽에 딱 붙어서 입구를 등지고 앉게 되어 있지 않은가? 만약 그렇다면, 책상에 앉았을 때 의식 속에서 느껴지는 불안감이 집중력을 방해할 가능성이 있다.

개인의 방에 있는 책상과 의자의 구조를 보면, 그런 방향으로 배치된 예가 상당히 많다. 벽에 책상을 딱 달라붙게 놓아야 마음이 안정된다거나 채광 때문에 그럴 수도 있다. 하지만 그것이 함정이다. 실제로 그 자리에 앉아서 잠깐 공부나 일을 할 때와 그렇지 않을 때를 비교해보라. 전혀 아무렇지도 않은 사람은 그대로 있어도 되지만, 등쪽에 입구가 있으면 왠지 오싹해지고 묘하게 불안한 느낌이 드는 사람은 창문이나 벽을 등지고 방의 입구를 마주보는 식으로 구조를 변경하는 것이 좋다. 방 전체의 모습을 둘러보고, 입구가 시야에 들어오는 곳에 앉는다. 그렇게만 해도 해야 할 일을 차분하게 시작할 수있을 것이다.

자신의 방뿐만 아니라 도서관이나 찻집 등에서 작업을 할 때도 입구를 바라보고 앉으면, 주의가 산만해지는 요인을 하나 줄일 수 있다. 최근에는 회사에서도 자기 자리를 따로 정하지 않고 어디든 마음에 드는 곳을 자유롭게 앉도록 방침을 정한 부서가 있다. 그럴 때도 조금만 신경을 쓰면 업무 효율이 한층 높아질 수 있다.

9 책상과 의자의 높이는 30cm 차가 적당하다

집중이 잘 되는 환경을 만들고자 할 때, 주변의 소음이나 실내온도, 조명과 같이 오감(五感)에 직접 작용하는 부분을 먼저 의식하기 마련이다.

이때, 의외로 간과하기 쉬운 것이 작업을 할 때 앉는 의자와 책상이다. 이 두 가지는 자기 몸에 잘 맞는 것을 쓰지 않으면, 발이 붓거나 요통의 원인이 되기도 해서 몸에 피로가 쌓인다. 이래서는 집중력을 유지하기 어렵다.

회사에서 쓰고 있는 사무용품은 대개 인체공학적으로 설계되어 있어서 사용이 간편하고 쉽게 피로해지지 않는다. 다만, 그 사용법이 익숙하지 않으면 자기도 모르는 사이에 몸에 부담이 갈 수 있기 때문에 주의가 필요하다.

먼저 가장 중요한 것은 책상과 의자의 높이 차이이다. 대체로 의자의 앉는 부분과 책상 표면 사이의 차가 30cm 정도 나는 것이 이상적이라고 한다. 물론 그 사람의 앉은키나 몸의 크기에 따라서도 다르겠지만, 표준치를 알아두면 사무실에서 의자를 조절하거나 방에서 사용할 책상과 의자를 새로 구입할 때 쉽게 피로해지지 않는 것을 고를 수 있을 것이다.

그 다음으로 중요한 것은 바른 자세이다.

먼저 책상을 향해 의자를 끝까지 끌어당겨서 책상과 배가 맞닿을 정도로 앉고, 등도 의자에 딱 붙여서 등줄기를 곧게 편다. 이때, 발이 바닥에 제대로 닿는지 확인한다. 발뒤꿈치가 무릎과 일자가 되도록 종아리를 곧게 뻗고, 발을 가지런히 모아서 바닥에 딱 붙인다. 바닥에 발이 닿지 않으면, 발이 붓는 원인이 된다.

상반신을 앞으로 구부려서 등줄기가 굽어지면, 요통의 원인이 되기도 한다. 또한 엉덩이를 앞으로 빼서 앉으면 새우등이 되기 쉽기 때문에, 몸의 중심은 앉은 자리의 바로 위에 있다고 의식하며 앉도록 한다. 옆에서 볼 때, 척추가 비스듬하게 S자로 커브를 그리는 자세가 이상적이다.

균형 잡힌 자세는 가슴을 쫙 펴줘 호흡을 편하게 한다. 산소 섭취량이 늘면, 두뇌 회전도 활발해진다. 일이나 공부에 전념하기 위해서라도 책상과 의자의 높이는 적당한지, 앉는 자세는 올바른지 반드시 확인해보자.

가장 최상의 길은 없다.
많은 사람이 가고 있다면 그 길이 최상이다.

10 조명이 너무 밝으면 주의력이 분산된다

일반적으로 너무 밝은 조명은 인간의 주의력을 분산시키고, 너무 어두운 조명은 피로감을 증가시킨다고 한다.

이것은 낮과 밤의 세계를 생각하면 쉽게 알 수 있다. 대낮에 태양이 내리쬐는 곳에서 침착하게 어떤 일에 집중할 수 있을까? 뜨거운 여름 옥외에서 눈부신 태양광선이 비칠 때 독서를 할 수도 없고, 실내에서 창문을 열어젖힌 채 너무 밝은 빛이 쏟아져 들어올 때도 마음이 안정되지 않기는 마찬가지다. 빛이 너무 강렬하기 때문에 눈이 피로해지고 주위의 모든 것이 너무 뚜렷이 시야에 들어와 기분이 산만해진다. 따라서 커튼을 친다거나 블라인드로 빛의 양을 조절하여 밤의 효과를 연출함으로써 마음의 안정과 육체적 안락을 얻을 수 있다. 반면에 상대방의 움직임이 제대로 안 보일 정도로 조명이 어둡다면, 가슴이 답답하고 짜증이 날 것 같다.

등불이 휘황찬란하게 빛나는 레스토랑에 들어가면, 자리에 앉아도 마음이 편치 않을 것이다. 주위가 너무 환히 보여서 마음이 안정되질 않기 때문이다. 반대로 간접 조명을 사용하여 밝기가 적당한 바에 가면 마음이 편안해진다.

결국, 집중해서 일을 하기 위해서는 방의 밝기가 너무 밝아도 너무 어두워도 좋지 않다. 한 마디로 적당하게 밝은 조명을 쓰는 것이 좋다는 말인데, 둘 중에 더 나은 것을 고르라면 조금 어둡게 설정하는 편이 집중하기에 더 낫다. 작업에 지장을 주지 않을 정도의 약간 어두운 조명은 마음을 가라앉히고 안정감을 주기 때문이다.

또 하나, 집중력을 높이는 조명 방법이 있다. 바로 부분 조명을 쓰는 것이다. 전체 조명을 약간 어둡게 설정했다면, 책상에 스탠드 하나를 더 놓는다. 대신 책상에 둔 조명은 빛을 강하게 해서 이중조명으로 만드는 것이 좋다. 무대에서 스포트라이트를 비추면 사람의 시선은 저절로 그곳으로 향하듯이, 그 성질을 이용하여 책상 위에 강한 빛을 비추면 저절로 작업에 시선이 가기 때문에 집중할 수가 있다.

단, 가까이 있는 부분 조명과 방 전체를 비추는 조명의 강도에 차이가 많이 나지 않도록 한다. 차이가 너무 심하면, 눈이 쉽게 피로를 느낀다. 너무 강한 빛은 일시적으로는 시선을 집중시키지만, 오랫동안 보고 있으면 눈에 피로가 쌓인다. 어둠 속의 무대에서 줄곧 스포트라이트를 받고 있는 사람을 보다가 무대 전체가 밝아지면 왠지 모르게 편안해지는 것도 그 때문이다.

가까운 곳에 있는 조명은 밝아도 되지만, 주위와 너무 차이를 두지 않는 것이 집중력을 만드는 비결이다.

11 | 시계보다는
타이머를 활용하라

학생 시절, 재미없는 강의를 들을 때면 시계를 흘끔 보며 몇 번이고 시간을 확인했던 경험이 있을 것이다. 하지만 그럴수록 시간은 더욱 더디게 가는 것 같다. 시계를 볼 때마다 왜 이렇게 시간이 가지 않을까 한숨이 절로 나온다. 물론 이럴 때는 강의에 전혀 집중하지 못한다. 그저 시간이 지나기를 기다리고 있을 뿐이다.

일이나 공부를 하고 있을 때도 마찬가지다. 예를 들어, 지금 하는 일을 한 시간 내에 끝내기로 마음먹고 도중에 시계를 몇 번이나 확인한다. 본인은 시간을 신경 쓰면서 눈앞의 일에 열심히 집중하려는 심산인지도 모른다.

그런데 이런 상태라면 학생 시절 강의를 들을 때와 마찬가지로 사실은 전혀 집중하지 못한다. 시계를 몇 번이나 본다는 말은 결과적으로 일로부터의 도피가 되는 것이다.

정말로 집중하고 있다면, 시간을 신경 쓸 틈이 없을 것이다. 정신을 차려보면 벌써 시간이 이렇게 지났구나, 라고 놀라야 정상이다. 따라서 집중해서 지금 하는 일에 전념하고 싶다면, 가능한한 시계를 보지 않는 것도 하나의 방법이다. 하기 싫은 일을 할 때 시계를 보다 보면 한숨만 나온다. 그러니 손목시계를 책상 서랍에 집어넣고 처음부터 시계를 보지 않도록 조치한다.

시계를 보지 않는 대신, 신경을 집중시키고 싶을 때 많이 이용하는 것이 타이머다. 예를 들어, 한 시간씩 나눠서 일을 하기로 했다면, 한 시간 후에 알람이 울리도록 맞춰놓는다. 이렇게 하면, 시간에 신경쓰느라 몇 번이고 확인할 필요가 없다. 알람이 울릴 때까지 그 시간 안에 집중해서 일할 수 있는 것이다.

오후에 회사 밖에서 약속이 있어 곧 사무실을 나가야 할 때도 타이머를 사용하면 편리하다. 밖에 나갈 일이 있으면 아무래도 지금 하는 일에 집중하기가 어려운데, 출발 시간을 계산하여 타이머를 맞춰두면 알람이 울릴 때까지는 일단 다음 일에 대해 생각하지 않아도 된다. 소리가 나는 것이 신경쓰인다면, 진동으로 설정하여 알람 기능을 이용하면 될 것이다.

하루하루가 쌓여 인생이 된다,
과거의 실패에 연연하지 않고
미래에 대한 불안감도 없이
다만 그 하루하루를 알차게 보내면 된다,

12 껌을 씹으면
집중력이 살아난다

    운전중에 졸음을 느끼면 껌을 씹는 것이 좋다고 알려져 있다. 껌을 씹고 있는 동안 두뇌가 상쾌해져 다시 운전에 집중할 수 있기 때문이다. 사실 공부나 일을 하는 중에도 껌을 씹으면, 머리가 상쾌해져 집중력이나 기억력이 높아지는 것은 과학적으로도 증명된 사실이다.

    볼 안쪽에는 교근(咬筋, 턱 위에 있는, 아래턱을 앞쪽으로 당기는 작용을 하는 근육)이라는 근육이 있는데 음식물을 씹을 때 주로 여기를 사용한다. 교근은 삼차신경(三叉神經, 뇌신경의 하나로 안신경, 상악신경, 하악신경으로 갈라지며, 안면의 지각과 운동을 맡고 있음)이라는 뇌신경과 직접 연결되어 있다. 따라서 음식물을 씹으면 교근에서 나온 전기신호가 뇌로 직접적으로 전달되고, 그 자극으로 뇌세포가 활발하게 움직이기 시작한다. 게다가 턱 근육과 뇌 사이에는 혈류를 늘리는 전달경로가 있다. 그래서 음식물을 씹어 턱을 움직이면, 뇌의 혈류도 증가하여 집중력이나 사고력이 높아지는 것이다.

    운전중에 껌을 씹으면 집중력이 좋아지는 것도 이같은 메커니즘이 작용한다. 물론 미국의 메이저리거들이 게임 중에 껌을 씹고 있는 것도 집중력과 기억력을 높이기 위한 것이다.

하지만 교근을 움직이는 것이 포인트이므로, 꼭 껌이 아니더라도 다시마나 마른오징어를 씹어도 같은 효과를 얻을 수 있다.

최근에는 부드러운 음식을 많이 먹기 때문에 턱 근육이 약한 사람이 늘어나고 있다. 실험에 의하면, 똑같이 껌을 씹더라도 턱 근육이 약한 사람과 강한 사람은 혈류량에 분명히 차이가 난다고 한다. 턱 근육이 약하면 혈류량도 감소해 일상에서 뇌 기능이 둔해질 뿐 아니라, 기억력 등의 뇌 능력이 쇠퇴해 가는 속도도 빨라진다는 것이다.

물론 껌을 씹음으로써 긴장감을 푸는 효과도 무시할 수 없다. 예를 들어, 맨 처음에 우주식은 튜브로 된 유동식이었는데, 지금은 고형물로 바뀌었다. 이는 중량이 너무 무겁다거나 질이 나쁘다는 이유도 있지만, 우주비행사가 씹지 않고 넘기는 유동식만 먹다보면 점점 짜증을 낸다는 사실이 밝혀졌기 때문이다.

주의가 산만해져 집중이 잘 안 된다고 생각되면 껌을 입에 넣고 씹어보자. 뇌의 긴장이 풀려서 짜증났던 기분이 가라앉는 것을 느끼게 될 것이다. 그와 동시에 뇌에는 자극이 전달되어 집중력이 다시 높아진다. 걷거나 몸을 움직이는 것과 마찬가지로, 입의 근육을 움직이는 것은 뇌에 대한 자극을 직접 전달하기 때문에 상당히 효과가 좋다.

학교나 직장에서라면 점심을 먹고 난 후라든가 휴식시간에 바깥 공기를 쐬러 잠시 나올 때와 같이 편안한 시간을 이용하면 된다.

13 아로마테라피 효과를 이용하라

아로마테라피라고 하면, 피곤한 몸을 풀기 위한 여성 전용 요법이라는 인상이 강하다. 하지만 해외에서는 의료 분야에서도 아로마테라피가 활발하게 사용되고 있다.

최근에는 우리 나라에서도 스포츠 아로마테라피라고 해서, 타박상이나 염좌와 같은 스포츠 장애의 치료에 사용되거나 정신적인 안정을 위해 활용되는 사례가 늘고 있다.

예를 들어, 축구 선수 중에도 시합 전에 마음의 안정을 취하거나 집중력을 높이는 데 향을 이용하는 사람이 늘고 있다. 즉 아로마테라피는 승부의 세계에서도 그 효과를 크게 인정받고 있는 것이다.

실제로 향이 정신적인 면에 미치는 영향은 적지 않다. 절에 가면 마음이 차분해질 때가 있는데, 이는 건물에서 느껴지는 특유의 분위기뿐만 아니라 그곳의 향이 코에서 뇌로 전달되어 마음을 안정시켜 주기 때문이다. 이처럼 향은 정신 안정에 큰 영향을 미친다.

향이 뇌에 작용하는 원리를 간단히 소개하자면, 사람의 코에 들어간 향의 분자는 먼저 콧속의 상피에 달라붙어서 점막에 다다른다. 거기에서 향 성분이 전기신호로 바뀌어 뇌의 대뇌변연계로 전달된다.

이 대뇌변연계는 희로애락의 감정을 조절하거나, 식욕이나 성욕과 같은 본능을 담당하는 부분이다. 때문에 순식간에 '좋은 향기다'라고 판단하여, 그 판단이 시상하부로 전달된다. 그것이 자율신경계나 내분비계, 면역계로 널리 작용하여 심신에 직접적으로 작용하는 것이다.

따라서 정신적으로 지친 심신에 의욕을 불러일으키고 싶다면, 아로마테라피의 효과를 이용해보는 것도 좋을 것이다.

집중력이나 기억력에 효과가 있는 향은 레몬이나 페퍼민트, 로즈마리 등이다. 집에서 사용할 때는, 아로마 포트나 스프레이를 활용하여 방에 뿌리거나 목욕할 때 입욕제로 써도 좋다.

보통 회사에서 보내는 시간이 긴 사람이라면, 손수건이나 티슈에 몇 방울 떨어뜨려서 가방에 넣고 다닌다. 그리고 집중력이 떨어졌다고 느껴질 때, 꺼내서 코에 대고 가볍게 향을 맡는다. 남성이라도 이 정도라면 쉽게 향의 효과를 활용할 수 있을 것이다.

행복하기 위해서는 두 가지 길이 있다.
욕망을 줄이든가,
갖고 싶은 것을 더 가지면 된다.
그 어느 편이라도 좋다.

아로마테라피란 ?

Aroma(향)와 Therapy(치료)의 합성어로 향기나는 에센셜 오일을 이용해 질병의 예방, 치료, 미용 등을 목적으로 행하는 모든 행위를 말한다.식물의 꽃이나 잎, 열매 등에서 추출한 향이 좋은 천연방향 성분의 물질이다. 아로마테라피의 효과를 살펴보면,

- 정신건강에 좋다. 향은 정신세계를 열리도록 몸을 이완시켜 깊은 명상에 몰입하도록 도와주며, 감정 조절에 매우 효과적이다. 집중력 결여 또는 기억력 장애로 공부나 업무에 지장이 있는 사람, 스트레스로 인한 정서불안 등의 신경성장애, 불안과 우울증 등의 노이로제 증세, 소아나 청소년의 정신장애 등에 효과가 있다.
- 공기를 정화시킨다. 아파트나 사무실에 공기 확산법을 사용하면 공기 정화와 집중력을 향상시켜 업무의 효율을 높여준다. 담배 냄새 제거, 화장실 냄새 제거 등 각종 찌든 냄새를 제거하여 신선한 향기를 유지시키고, 두통과 불면증 등의 환경적 요인에 효과가 있다.
- 피부미용에 사용한다. 아로마테라피 오일은 고운 피부관리는 물론 화상, 여드름, 가려움증, 습진, 주름살 예방과 제거, 모발 관리에도 사용한다.

집중력에 좋은 아로마테라피 사용 방법

로즈마리가 대표적이지만, 향에 대해서는 사람마다 느낌이 다르므로 약간의 적응 기간이 필요하다. 하루 2~3회 정도 10~20분씩 이용하는 것이 좋다. 즉, 티슈나 솜에 1~2방울 떨어뜨려 향을 맡거나 책상에 올려놓았다가 10~20분 정도 지나면 향을 치운다. 특히 졸립거나 머리가 혼잡 또는 산만할 때 이용하면 좋다.

아로마 에센셜 오일의 종류와 효능

- 라벤더 : 여드름, 천식, 감기, 우울증, 불면증, 습진, 생리통에 효과가 있고, 항균 작용이 있다. 피곤할 때 욕조에 10~15방울을 넣어 목욕하면 좋고, 무릎이나 허리 통증이 있을 때 피부에 직접 발라주면 좋다.

- 레몬 : 살균, 미백 작용이 있어 기미와 주근깨에 효과적이고, 피부의 각질을 제거한다. 지성 피부 및 여드름 치유에도 사용되며, 집중력을 높이고 기억력을 향상시킨다. 장기적인 사용은 금하며, 레몬 에센셜 오일을 바른 후에는 햇빛 노출을 삼가도록 한다.

- 페퍼민트 : 복통, 설사, 소화불량 등의 소화기 질병에 효과적이다. 기분을 상승시키고 자극하는 효과가 있어 의식을 잃었을 때 사용되기도 한다. 임산부나 3세 이하의 유아에게는 주의하도록 한다.

- 티트리 : 시원한 느낌을 주며 피부 정화, 종기·발진 해소에 사용한다. 면역 기능을 강화하여 수술 전 티트리로 마사지를 하면, 수술 후 회복 속도가 빠르다. 감기, 편도선염, 폐렴, 축농증 등의 호흡기에도 큰 효과가 있다.

- 로즈마리 : 집중력과 기억력을 향상시키고 치매를 예방한다. 지루성 모발에 좋아 헹굴 때 물에 섞어 사용하기도 한다. 혈압을 올리는 효과가 있기 때문에 고혈압, 간질 환자에게는 사용을 금한다.

- 캐모마일 : 독성과 열을 배출시켜 간장질환에 효과적이다. 피부염과 습진 등의 피부병에도 좋고, 소염작용이 뛰어나다. 캐모마일로 만든 차는 불면증에 도움을 준다.

- 샌달우드 : 불안, 긴장 해소 작용으로 마음을 풀어준다. 건성 피부에 좋고, 주름살 제거 효능이 있다.

14 개인적 근심거리는
빨리 해결책을 찾아라

집중력을 저해하는 요인의 하나로, 불안이나 고민을 들 수 있다. 예를 들어 큰 프로젝트를 맡게 되었을 때, 잘 할 수 있을지 없을지 자신감이 없으면 작업에 임해도 왠지 불안하기만 할 것이다. 프로젝트가 성공할까 하는 생각에 온통 정신이 팔려서 눈앞의 일에 집중할 수 없는 것이다.

또한 주의가 산만해지는 또 다른 원인으로, 작업 자체에 대한 불안뿐만 아니라 작업과는 직접적인 관계가 없는 경우도 많다. 예를 들어, 동료에게 비아냥거리는 소리를 들었다거나 연인과 전화로 싸운 것이 마음에 걸려서 일이나 공부에 집중하지 못하는 경우가 그렇다.

집중력이 필요한 스포츠 선수도 경기 그 자체보다 사실 다른 곳에 마음을 빼앗길 때가 많은 것 같다. 아무래도 경기를 하는 시간보다 일상생활이 훨씬 길기 때문에, 일상생활 속에서 마음을 불편하게 만드는 사건들이 많을 것이다.

그래서 어떤 프로 레이서는 시합 전에 잡념이 생기지 않게 하기 위해서 일주일 전부터 사생활에서 문제가 발생하지 않도록 매우 조심

한다고 한다. 정신을 산란하게 만드는 잡념의 근원을 처음부터 없애 버리는 것이다.

물론 그렇게 해서 문제가 사전에 다 해결되는 것은 아니다. 하지만 마음에 걸리는 일들은 아무리 사소한 일이라도 해결하기까지 시간이 걸리기 마련이다.

그럴 때는 모든 것을 완벽하게 해결하려고 하지 말고 '어떻게든 되겠지'라고 긍정적으로 생각하는 것이 좋다. 단, 일을 시작하기 전에 해결의 실마리만이라도 찾아놓도록 한다.

예를 들어 마음에 걸리는 일이 있다면, '나중에 학생 시절의 친구에게 의논해 봐야지.' 이렇게 생각하기만 해도 훨씬 마음이 편안해져서 눈앞에 놓인 일에 집중할 수 있을 것이다.

마음에 걸리는 일을 그대로 둔 채 지금 하는 일에 집중하려고 해도 그것은 쉽지 않은 일이다. 놀 때도 마찬가지다. 내일까지 제출해야 하는 일이 있는데도 기분전환을 위해 친구와 술을 마시고 있다면, 즐겁기는커녕 마음은 무겁고 머릿속에는 딴 생각이 가득할 것이다.

놀 때든 공부나 일을 할 때든 집중이 잘 안 된다면 주변에서 마음에 걸리는 것은 없는지 확인한다. 그리고 해결의 실마리만이라도 찾도록 한다.

좋은 생각이 좋은 일을 부른다(멘탈 트레이닝 방법)

1. 먼저 숨을 완전히 내쉰 다음 천천히 크게 들이쉰다. 이때 세상의 여러 가지 좋은 것들을 들이킨다는 기분으로 '아, 좋다' 라고 마음으로부터 생각하면서 숨을 들이쉰다.

2. 그리고 천천히 숨을 내쉬면서 좋은 것들을 들이켰으므로 답례하는 감사의 기분으로 '고맙다' 고 생각한다.

3. 마음속으로 다시 '좋다' '고맙다' 는 생각을 한다. 누구에게 고마운지, 무엇이 좋은지는 생각하지 않아도 된다.

4. 그러면 온몸의 세포가 즐거워하며 그 반응으로 손이 따뜻해지는 것을 느낄 것이다. 또 고맙다고 생각하면 온몸이 따뜻해질 것이다.

5. 그런 자기 몸의 변화를 의식하면서 '좋다' '고맙다' 를 반복한다. 재미있는 것은 '좋다' 라고 생각하면 정말 앞으로 좋은 일들이 많이 생긴다는 사실이다. 신이 아니라 자신의 힘으로 좋은 일들을 만들어내고 발견하는 능력에 눈뜨게 된다.

6. '좋다' '고맙다' 는 간단한 비법이지만 정말 행복해진다. 혹시 실수로 넘어져 무릎이 벗겨지고 피가 나면 보통은 '누가 여기에 이런 것을 놓아둔 거야! 위험하잖아.' 하고 화를 내겠지만, 이 연습을 하고 나면 달라진다. 넘어져서 아프기는 하지만 '아, 다행이다. 골절되지는 않았으니까.' 하고 생각하게 될 것이다.

7. 좋다고 생각하면 치유력, 곧 낫게 하는 힘이 강해지기 때문에 빨리 낫는다. 가능한한 잠자기 전에 한다. 아니면 아침에 눈을 떠서 '잘 잤다. 기분좋다.' 라고 말해본다.

집중력을 회복시키는 9가지 비결

1. 집중력을 잃었을 때는 패인을 분석하라

2. 싫증이 나면 작업방식을 바꿔보라

3. 찬 물로 세수를 하라

4. 기분전환이 필요하면 일어서서 하라

5. 집중력을 잃었다면 '의식적인 동작'을 하여 회복하라

6. 싫증이 났다면 작업 장소를 바꿔보라

7. 집중과 휴식을 적절히 반복하라

8. 커피나 차를 너무 많이 마시지 말라

9. 누워 쉬면서 몸의 피로를 풀어라

part

4

집중력을
회복시키는
9가지 비결

1 집중력을 잃었을 때는 패인을 분석하라

축구는 한 번 점수 차가 벌어지면 좀처럼 역전이 어렵다고 한다. 야구라면 3~4점 차가 나도 9회 말에 대역전이 종종 일어나곤 하지만, 축구의 경우는 종반에 2~3점이나 차이가 나면 아주 극적인 상황이 오지 않는 이상 역전은 어렵다.

그렇다면, 그런 경기에서 패색이 짙은 팀의 골키퍼는 어떻게 집중력을 유지할까?

과거에 J리그의 베르디 가와사키(현 도쿄 베르디) 등에서 골키퍼로 활약했던 혼나미 겐지 선수가 모 잡지와 인터뷰한 기사에 따르면, 경기 중에 모든 신경을 집중시켜서 골을 막는 키퍼라도 점수가 3점이나 벌어지면 완전히 집중력을 잃어버린다고 한다. 다만, 그렇다고 해서 혼나미 선수가 경기에서 완전히 손을 뗀 것은 아니다. 그는 냉정하게 경기를 관전하면서, 왜 지고 있는지 그 이유를 분석했다고 한다. 즉, 지는 경기를 보면서 다음 과제를 찾는 데 집중하는 것이다.

과제는 게임에 승산이 없어 냉정해졌을 때야말로 보이는 것이다. 이기고 있을 때나 박빙의 승부를 다투고 있을 때는 경기에 열중하느라 냉정하게 경기를 분석하기가 어렵다고 혼나미 선수는 말한다. 즉, 시합에 져서 '고도의 집중력'을 잃어버렸을 때 패인을 찾는 데 집중한다는 것이다.

이것은 일이나 공부에도 해당된다.

집중력을 잃어서 의욕이 나지 않을 때는 지는 시합이라고 볼 수 있다. 그럴 때는 아무리 열심히 노력해도 결과가 뻔하다.

그렇다면 '오늘은 이렇게 해서 실패했으니, 내일은 저렇게 해보자.'라고 긍정적으로 다음 날의 대책을 마련해본다.

예를 들어, 기획안을 작성해야 하는데 좋은 아이디어가 떠오르지 않아 시간만 보낼 때가 있다. 이럴 때는 초조해하지 말고, 과거에 채택되지 않은 기획안을 찾아서 그것이 왜 채택되지 않았는지 분석해본다. 과거의 실패를 거울로 삼으면, 현재 극복해야 할 과제가 보일 것이다.

집중력에는 기복이 있다. 그러므로 집중력을 잃었다면, 평소에는 보지 못하는 작은 일에 주의를 기울여보는 것이 어떨까?

분명 생각도 못한 발견을 하게 될 것이다.

어떤 일이 당신에게 어렵다고 해서 그것을
인간 능력 밖의 일이라고 생각하지 말라.
오히려 반대로 생각하라.
즉, 인간이 이룰 수 있고 인간 본성에 맞는 일이라면
당신도 반드시 해낼 수 있다고 생각하라.

2 | 싫증이 나면 작업방식을 바꿔보라

내일까지 영어 단어를 50개 외워야 된다고 치자. 그런데 공책에 스펠링을 반복해서 쓰다보니 어느새 싫증이 났다. 이럴 때는 일단 그만두는 것이 좋다. 물론 단어 외우기를 포기하라는 것은 아니다. 단지 외우는 방식을 조금 바꾸는 것뿐이다.

예를 들어, 단어를 외울 때까지 소리내어 읽는다거나, 그때까지 외웠던 단어를 확인하는 차원에서 공책에 써본다. 이렇게 같은 외우기라도 방식을 조금 바꿔보면 다시 의욕이 나게 될 것이다.

뭔가 한 가지 일에 집중해야 할 때는 작업하는 중간에 이런 식으로 조금이라도 작업방식을 달리하면 효과적이다. 타성에 젖지 않도록 어느 단계가 되면 형식을 바꾸고, 또 싫증이 날 만하면 거기서 조금이라도 변화를 주는 식의 작은 아이디어 하나가 일에 지쳐서 의욕을 잃은 사람에게 힘을 주고 집중력을 되살리게 해준다.

가령, 잘 나가는 메이저리그 선수들은 경기 중에 잠깐의 틈을 이용해서 스트레칭을 하거나 심호흡을 한다. 타석에 들어가거나 수비를 볼 때는 깜짝 놀랄 정도로 고도의 집중력을 발휘하는 그들이지만, 아무리 그래도 경기 내내 집중력을 유지하기란 어려운 일이다. 특히 경기가 계속될수록 체력적으로는 문제가 없어도 집중하는 데 어려움을 겪는다고 한다.

그래서 그들은 경기 중에 몸을 풀거나 껌을 씹는 등 긴박한 가운데서도 조금 일탈된 행동을 함으로써 기분을 새롭게 하는 것이다.

이 방법은 암기할 것이 많은 시험 공부나, 단순 작업을 할 때도 응용할 수 있다. 시험 공부를 할 때, 항상 참고서 첫 부분만 머릿속에 들어 있는 사람은 이따금 순서를 바꿔서 앞뒤 상관하지 말고 무작위로 공부해본다. 분명히 매일 하는 공부에 신선한 자극이 될 것이다.

또한 업무상 해야 하는 단조로운 자료 입력 작업이 지겨워졌다면, 순서를 바꿔서 뒤쪽부터 입력하거나, 얼마나 빠르고 정확히 입력할 수 있는지 시간을 정해서 해보는 것도 좋을 것이다.

비록 단순 작업일지라도 조금만 머리를 쓰면, 더 즐겁고 보람있는 작업이 될 것이다. 그리고 다시 작업에 익숙해져서 순서가 일정해졌다면 다른 방법을 찾아본다.

순서를 바꾸면 익숙해지기 전까지 다소 효율이 떨어지겠지만, 대신 긴장해서 하기 때문에 실수도 줄일 수 있다. 스스로 싫증이 나지 않는 방법을 찾아내는 것이 중요하다.

3 찬 물로 세수를 하라

　잠이 올 때 차가운 물로 얼굴을 씻으면 잠이 달아난다. 이런 효과는 집중력이 떨어졌을 때도 효과가 있다.

　왠지 기분이 늘어져서 의욕이 나지 않을 때는 일단 차가운 물에 세수를 해보자. 그러면 머리가 개운해지고, 기분이 새로워질 것이다.

　특히 정오가 좀 지날 무렵 세수를 하면 효과가 더 좋다. 이 시간대는 점심을 먹은 후라서, 소화를 위해 뇌로 흐르는 혈액의 양이 줄어들어 머리가 멍해진다.

　더욱이 하루종일 활동하는 사람은 일반적으로 새벽 2시와 오후 2시에 졸음이 오는 주기여서, 혹시 과식이라도 하면 꾸벅꾸벅 졸기 십상이다. 덧붙여 말하면, 교통사고가 가장 많이 발생하는 것도 이 시간대이다. 실제로 이 시간대가 되면, 집중력이 떨어지는 것을 실감하는 사람이 많다.

　그렇다면, 왜 세수를 하면 집중력이 되살아날까?

　그것은 뇌의 신경이 안면의 근육과 연결되어 있기 때문이다. 안면에 있는 피부는 몸 전체로 볼 때 극히 일부이지만, 이 부분을 자극하면 뇌에 커다란 자극이 전해져 의식이 각성하고 집중력이 되살아나게 되는 것이다.

뇌가 몸의 어느 부분에 대응하는지를 조사한 캐나다의 뇌외과의사 펜필드(Wilder Penfield)에 의하면, 뇌는 대부분 얼굴과 손의 감각을 인식하는 데 사용된다고 한다. 즉, 세수는 얼굴과 손을 동시에 자극하기 때문에 세수를 하면 정신이 맑아지는 것이다.

그러므로 집중력이 떨어졌다고 생각되면 세수를 하여 기분을 새롭게 하는 것이 좋다. 누가 졸고 있으면 "정신 차리게 세수하고 와." 라는 말을 자주 하는데, 이는 틀린 말이 아닌 것이다.

반신욕의 효과와 방법

'발은 따뜻하게, 머리는 차갑게.' 동·서양을 통틀어 가장 보편적으로 인정되는 건강법 중 하나이다. 물리학적으로도 따뜻한 것은 위로 올라가기 마련이란 점을 감안할 때 아래쪽의 발을 따뜻하게 하는 것은 혈액순환을 돕는 가장 확실한 방법이다. 하체만 따뜻한 물에 담그는 반신욕이 건강에 도움을 주는 이유이기도 하다. 반신욕을 꾸준히 하면 튼튼하고 건강한 몸을 유지할 수 있고 각종 질병을 이기는 힘이 생긴다.

올바른 반신욕을 위해서는 배꼽 아래까지만 물에 담그고 팔은 물 속에 넣지 말아야 한다. 물은 뜨거워서는 안 되고 체온보다 약간 높은 37~38도의 물에 20~30분간 들어가 있으면 상반신에서 상당한 땀을 흘리게 된다.

입욕 전 입욕제나 에센셜 오일 등을 넣어주면 피로회복에도 도움이 된다.

4 기분전환이 필요하면 일어서서 하라

『노인과 바다』로 유명한 작가 어니스트 헤밍웨이(Ernest Hemingway)는 일어선 채로 소설을 썼다고 한다. 구술 필기 같은 것을 할 때 방안을 왔다갔다하면서 이야기를 하는 사람도 많다.

그러고 보면, 서 있거나 걸을 때와 같이 어쨌든 몸을 움직일 때 좋은 아이디어가 많이 떠오르는 것 같다. 반대로 푹신한 소파에 편안히 앉아 있으면, 긴장이 풀어져서 머리의 움직임이 산만해지기 쉽다.

적당한 근육의 긴장은 정신의 긴장을 높이는 데 도움이 된다. 이는 근육이 적당히 긴장해 있는 상태에서 머리회전이 잘 된다는 뜻이기도 하다. 몸에 어느 정도 긴장감이 없으면, 주의력이 떨어지기 마련이다.

한 사람은 편안한 의자에 앉아서 머리를 쓰는 일을 하고, 다른 한 사람은 재질이 딱딱해서 어느 정도 몸을 긴장시키는 의자에 앉아서 같은 일을 하게 하여, 어느 쪽이 효율적으로 일을 잘 하는지를 비교 실험했다. 그 결과, 예상대로 딱딱한 의자에 앉아서 일한 사람이 10% 정도 능률이 높은 것으로 나왔다. 따라서 긴장 상태가 우리들의 정신을 자극하고 머리를 맑게 하는 데 도움이 된다는 사실이 분명해졌다.

이 결과를 통해서도 알 수 있듯이, 예리한 두뇌를 유지하려면 약간의 긴장이 필요하다. 서서 일을 하는 것도 마찬가지다. 단순히 서 있는 동작에도 우리 몸 속에서는 100개 가까운 근육이 긴장과 이완을 반복한다. 그만큼 우리의 뇌를 계속 자극하고 있는 것이다.

가까운 예를 들면, 서점에서 서서 책을 읽을 때 평소보다 더 짧은 시간 안에 그 내용을 파악하게 되는 것도 같은 이유다. 서서 책을 읽으면, 몸이 적당히 긴장하고 있을 뿐만 아니라 짧은 시간 안에 내용을 조사하여 좋고 나쁜지, 또 적당하고 부적당한지를 분별해야 하기 때문에 평소에 책을 읽을 때보다 훨씬 집중력이 높아지는 것이다. 설사 구입하지 않더라도 서점에서 문득 눈에 띄어 잠깐 본 책의 내용이 오래도록 기억에 남았던 일이 있을 것이다.

또한 어릴 적 학교에서 수업시간에 집중하지 않고 떠들다가 선생님으로부터 일정 시간 일어서 있으라고 지적당했던 경험이 있다면, 그것은 벌이기도 하지만 몸을 긴장시킴으로써 정신적 해이를 없애고 수업에 대한 집중력을 높이려는 의도도 있었다고 이해할 일이다.

그러므로 이 방법을 일할 때 응용해보자. 아무래도 오랜 시간 선 채로 일한다는 것은 무리일 테니까, 졸리거나 좋은 아이디어가 떠오르지 않을 때만이라도 일어서서 일을 해보면 기분전환이 되어 집중력을 높일 수 있지 않을까?

5 집중력을 잃었다면
'의식적인 동작'을 하여 회복하라

    일에 집중하고 있을 때 갑자기 전화가 울리거나, 손님이 온다, 점심시간에 어딘가에서 맛있는 냄새가 난다…… 등 일상생활에서는 일을 방해하는 주변 요소가 참으로 많다. 그 전까지 아무리 집중했다 해도, 한번 잃어버린 집중력을 되살리는 것은 어렵다고 생각하는 사람이 많을 것이다.

    그러면, 집중하는 데 방해를 받을 때는 어떻게 해야 할까?

    여기서는 경이적인 집중력의 소유자로 잘 알려진 프로 골퍼 타이거 우즈(Tiger Woods)의 예를 들어보겠다.

    골프의 '제왕'이라 불리는 잭 니클라우스(Jack Nicklaus)가 어느 해 전미 프로골프선수권대회에서 우즈와 함께 라운드를 돌았을 때의 일이다. 천하의 우즈도 모든 샷이 원하는 대로 날아가지는 않는 법이어서, 샷이 그가 의도했던 곳에서 벗어나게 되었다.

    니클라우스에 의하면, 그때 우즈는 '단 2초 동안' 화를 내고, 곧바로 다음 플레이에 집중했다고 한다. 처음에 "제기랄!" 하며 한마디 내뱉고는 클럽을 땅에 던져버렸다. 그러나 2초 후에는 마치 아무 일도 없었던 듯이 침착하게 다음 플레이를 펼쳤다는 것이다.

물론 단 2초 만에 기분을 전환할 수 있는 사람은 그리 많지 않을 것이다. 신경 쓰지 말자고 생각하면 더욱 신경이 쓰여서, 다음 행동에 지장을 초래한다. 우즈와 같이 순식간에 집중력을 회복하려면 강인한 정신력이 있어야 한다.

그런데 여기서 조금 생각을 바꿔보자. 우즈가 단 2초 동안 화를 낸 것은 집중력을 잃었을 때 그것을 되살리기 위한 일종의 '의도적인 동작'이었다고 생각해보면 어떨까? 다시 말해서, 그는 의도적으로 2초 동안 화를 냄으로써 다음 플레이에 집중하려는 것이었다고 생각해 보자.

테니스 선수 중에는 실수를 했을 때 흐트러진 라켓 줄을 매만지며 플레이에 다시 집중하는 사람이 있는데, 라켓 줄을 매만지는 것도 하나의 의도적인 동작이라고 볼 수 있다.

그러므로 일이나 공부를 하고 있는데 방해를 받는다면, 다시 집중을 하기 위한 당신만의 '동작'을 만들어보는 것이 어떨까?

손뼉을 친다거나, 크게 기지개를 켜거나, 심호흡을 하는 등 순간적으로 끝낼 수 있는 행동이라면 무엇이든 상관없다.

이렇게 자기 나름대로 기분을 전환하기 위한 동작을 정해두고, 기분을 원래대로 되돌리고 싶을 때 사용하라. 주의가 산만해졌을 때도 그런 동작이 있으면 순식간에 기분을 전환할 수 있을 것이다.

6 싫증이 났다면
작업 장소를 바꿔보라

집중력이 떨어지는 것은 심리적 원인도 있지만 같은 자세, 같은 글씨, 단조로운 잡음 등의 여러 요소가 반복적으로 작용할 때 나타난다. 그러므로 자신이 집중할 수 없는 상태가 되었다고 자각하면, 작업의 순서나 형식을 바꾼다든가 새로운 방법을 시도하여 거기에서 벗어나야 하는데, 경우에 따라서는 어느 시점까지 동일작업을 변화 없이 계속해야 하는 일도 있기 마련이다.

예를 들어, 아주 두툼한 책을 읽고 그 내용을 요약하여 레포트를 써야 한다고 하자. 두꺼운 책을 읽는 것만으로도 대단한 인내심과 집중력이 필요한 일이다. 이때 순서나 작업 형식을 바꾸는 것은 의미가 없다. 어쨌든 다 읽지 않으면 안 되기 때문에 당연히 오랜 시간, 같은 장소에서 같은 자세로 같은 상황의 작업을 해야 한다. 어떻게든 해야 한다는 생각이 앞서 자기도 모르는 사이 싫증 상태에 놓이게 된다.

이럴 때는 장소만이라도 바꿔보는 것이 좋다. 장소를 바꾼다고 해서 책을 읽는다는 작업의 내용이 달라지는 것은 아니지만 몸을 이동시킴으로써 자세가 바뀌게 되고 당연히 주위 상황도 달라지기 때문에 이것만으로도 충분히 기분전환이 될 수 있다. 그러므로 책상 앞에서 거실로, 베란다로, 찻집으로, 공원으로 나가보는 게 어떨까?

아인슈타인이 상대성이론의 원류가 되는 방정식을 떠올린 것은 휴가 중에 스위스의 마렌 호수에서 요트를 타고 있을 때였다 한다.

사색을 필요로 하는 직업에 종사하는 사람들은 산책을 하면서 이동을 하는 것도 사색의 집중을 위한 장소 이동이 되는 것이다.

이처럼 뭔가에 집중하거나 작업을 할 때 반드시 책상 위에서 할 필요는 없다. 어떤 작업에 싫증이 났을 때는 장소를 바꿔보면 집중력이 되살아나기도 한다.

예를 들어, 작가 세키가와 나쓰오 씨는 심야에 패밀리 레스토랑에서 원고를 쓰는 일이 있고, 만화가 히로가네 겐시 씨도 교외에 있는 레스토랑에서 작품의 원안을 생각하거나 밑그림을 그릴 때가 많다고 한다. 패밀리 레스토랑과 같이 사람의 출입이 잦은 장소는 아무래도 집중해서 일을 하기에는 부적합할 것 같지만, 쥐 죽은 듯이 조용한 공간보다는 오히려 집중이 잘 된다. 일을 하다 싫증이 날 때는, 다양한 손님들을 관찰하다 보면 예상치 못한 아이디어가 떠오를 수도 있다.

작업 장소를 바꾸는 것은 뇌에 자극이 되고 긴장감을 불러온다. 이 긴장감이 새로운 집중력을 만드는 것이다.

'할 수 있다'라는 마음이 성공의 첫걸음이다

'Yes, I can!'

'I can do Iit!'

이런 문구를 눈에 잘 띄는 곳에 써붙여 놓는 사람이 많이 있을 것이다.

수험생들이 공부방 책상 앞에 '필승' '합격' 등을 써서 붙여놓는 경우도 마찬가지다.

이것은 심리학에서 말하는 자기암시의 일종인데, 이것이 긍정적인 방향으로 작용하면 누구에게나 큰 위력을 발휘할 수 있다.

사람은 일단 강하게 믿으면 무서울 정도의 반응을 나타낸다는 것이 여러 가지 심리 실험에 의해 증명되었다. 예를 들어, 설사를 하고 있는 사람에게 '설사에 효과가 아주 좋은 약'이라고 속이고 밀가루를 먹게 하였더니 설사가 나았다는 이야기도 있다.

성공의 첫걸음은 자기 자신에게 '나는 절대로 질 수 없다!' '반드시 할 수 있다!'라고 믿도록 하는 것이다. 심지어 어떤 학자는 '이 세상은 자기 자신이 결심하는 대로 창조된다.'고 단언하였다.

따라서 자신에게 자극을 줄만한 문구를 잘 보이는 곳에 붙여놓으면, 눈만 뜨면 싫든 좋든 바라보게 되고 그럴 때마다 꼭 할 수 있다는 자신감과 해야 한다는 투지가 솟아나게 되어 집중력 또한 높아질 것이다.

7 집중과 휴식을 적절히 반복하라

집중하다가도 어느새 긴장이 풀리면, '더 오랫동안 집중력을 유지할 수 있었으면 좋겠다'는 생각이 들기 마련이다. 긴장이 쉽게 풀리는 이유는 어쩌면 작업방식에 리듬이나 변화가 없기 때문일지도 모른다.

집중력을 오래 유지하고 싶다면, 일에 리듬을 주도록 하라. 예를 들어, 일정 시간 입력 작업을 했다면 잠시 일손을 멈추고 동료와 차를 마시거나 쉬면서 다른 자료를 훑어본다. 그래도 부족하다고 느껴지면, 일을 만들어서라도 밖에 잠깐 나갔다 온다.

작업방식을 수시로 바꾸거나 자주 일손을 놓으면, 곁에서 보기에 불안해 보일지도 모른다. 하지만 집중과 휴식을 적절히 반복하면 쉽게 지치지 않아서, 결과적으로는 오랜 시간 집중력을 유지할 수 있게 된다.

만약 일에 지쳐서 집중력이 떨어졌다면, 작업을 잠시 중단하라. 그리고 쉬었다가 다시 집중하는 것이다. 이것을 반복하면 저절로 높은 집중력을 발휘할 수 있을 것이다.

8 | 커피나 차를
너무 많이 마시지 말라

일 때문에 피곤하거나 집중력을 잃었을 때 커피나 차를 마시는 사람이 많다. 여기에는 과학적인 근거가 있다. 커피나 홍차에 포함된 카페인에는 중추신경계를 자극하여 뇌를 각성시키는 작용이 있어서, 그것이 잃어버린 집중력을 다시 되살려주는 기능을 한다.

하지만 과다 복용하면 불면증 등을 초래할 수 있다. 또한 심장박동 횟수를 늘려 심장 기능을 촉진하기도 하지만, 이로 인해 불안증을 조성할 수도 있다. 이처럼 카페인이 인체에 미치는 영향은 긍정과 부정 두 얼굴을 하고 있다.

단, 여기서 중요한 것은 커피나 차는 적당히 즐겨야 한다는 사실이다. 개중에는 커피를 물처럼 마시면서 철야 작업을 하는 사람도 있는데, 이렇게 무모하게 마시다보면 카페인 중독에 빠질 위험이 있다.

한번 카페인 중독에 빠지면, 카페인이 부족해졌을 때 두통이나 구토 외에 심한 불안감을 느끼거나, 반대로 집중력이 저하되는 증상이 나타나기도 한다.

예를 들어, 약 한 달 동안 커피를 매일 여덟 잔씩 마시던 여성이 정신발작을 일으켰다거나, 입시를 앞둔 남학생이 잠을 줄이려고 하루에 열 잔 이상 커피를 마셨더니 손발에 땀이 나고 저리며 심장이 두근거리는 증상이 생겨서 병원으로 옮겨졌다는 보고도 있다. 이렇게 되지 않으려면, 평소에 커피나 홍차에 너무 의지하지 말아야 한다.

또한 카페인을 지나치게 섭취하면 내성이 생겨서 점점 효능이 떨어진다. 보통은 잠자기 전에 커피나 녹차를 마시면 잠이 안 오는 법인데, 매일 밤 마시게 되면 카페인에 상관없이 차츰 잘 자게 된다. 우리 몸이 익숙해지는 것이다. 이렇게 되면, 한 잔의 커피로는 머리가 맑아지지 않아 두 잔, 세 잔, 양이 점점 늘게 된다.

그러므로 카페인의 효과를 이용하여 집중력을 확실히 높이고 싶다면, 중요하다 싶은 순간에만 마시도록 한다. 일을 할 때는 가능한 한 카페인이 없는 음료나 물을 마시고, 정말 집중하고 싶을 때만 카페인이 들어간 음료를 마시는 것이 좋다.

카페인은 결코 유해한 물질은 아니지만, 커피나 홍차를 마실 때는 적당한 양을 유지해야 한다는 사실을 명심하자. 또한 건강음료나 콜라에도 카페인이 포함되어 있으니, 평소에 너무 마시지 않도록 주의한다.

도전이란 큰 일을 하는 것이 아니다,
내일 하려고 했던 작은 일을 오늘 하는 것이다.

커피의 두 얼굴

커피가 건강에 문제를 일으킬 수 있다는 말은 바로 커피 속에 함유된 카페인 때문이다. 카페인은 중추신경계를 자극하여 각성 효과를 가져온다. 따라서 과다 복용하면 불면증 등을 초래할 수 있다. 또 심장박동 횟수를 늘려 심장 기능을 촉진하기도 하지만, 이로 인해 불안증을 조성할 수 있으며 이뇨 효과가 있어 소변을 보는 횟수가 늘어난다.

카페인은 또한 위산 분비를 촉진시켜 소화기능을 돕기도 하지만, 지나치면 위궤양 등을 일으킬 수 있다. 그리고 장의 연동운동을 자극, 배변 활동을 도와주지만 과민성 대장 증상을 악화시키기도 한다. 이처럼 카페인이 인체에 미치는 영향은 긍정과 부정 두 얼굴을 하고 있다.

우리가 일반적으로 마시는 커피 한 잔에는 약 40~108mg의 카페인이 들어 있다. 하루에 300mg 이내의 카페인은 섭취해도 건강에 해롭지 않다는 연구 결과도 있다. 하루 3~5잔의 커피가 괜찮다는 것은 이 때문이다.

커피가 카페인을 가장 많이 포함한 음료로 알고 있는 사람이 많지만, 홍차의 카페인 함유량이 0.05%로 0.04%인 커피보다 더 높다. 이밖에 녹차나 우롱차에도 카페인이 각각 0.02% 함유되어 있다.

건강한 성인 남자의 경우 커피를 마신 지 6시간이 지나면 카페인의 반 정도가 체내에서 분해된다. 그러나 담배를 피우거나 몇몇 특정 약물을 복용하는 사람들은 카페인이 몸에 머무는 시간이 길어진다.

9 누워 쉬면서
몸의 피로를 풀어라

    이 장에서는 싫증이 나거나 몸이 피곤할 때 집중력을 되살리는 방법을 중심으로 소개했다. 이제 마지막으로 비법을 소개하자면, 그것은 바로 자리에 눕는 것이다.

    피로 회복에 가장 효과적인 방법이 무엇인가를 조사한 실험이 있었다. 후보로 거론된 방법은 ① 책을 읽고 기분전환을 한다 ② 조용히 산책한다 ③ 수다를 떤다 ④ 안정을 취한다 ⑤ 누워서 쉰다 ― 이렇게 다섯 가지였다. 그런데 이 중에서 피로 회복에 가장 효과가 있었던 방법은 ⑤ 누워서 쉰다 라는 결과가 나왔다.

    그 이유는 단순하다. 뇌의 피로는 대부분 육체에서 오기 때문이다. 일을 하는 동안 작업에 일일이 신경을 곤두세우다 보면, 나중에는 머리가 멍해져서 '이제 더 이상은 무리야' '머리가 띵하다' 라고 느끼게 되는데, 이것은 일종의 착각이다. 실제로 인간의 뇌는 피곤함을 느끼지 못한다. 몸이 피곤하기 때문에 머리가 멍해지는 것일 뿐이다.

    젊은 여성들에게 단순한 계산 작업을 시켜서, 어떤 상황에서 능률이 떨어지는지를 조사한 실험이 있었다.

그것에 따르면, 능률이 떨어진 것은 육체적인 피로를 느꼈을 때와 배가 고팠을 때뿐으로, 그렇지 않을 때는 꽤 오랫동안 계산의 속도나 정확도가 떨어지지 않았다고 한다. 역시 문제는 머리의 피로가 아니라 몸의 피로였던 것이다.

따라서 '생각을 많이 했더니 피곤하다'는 것은 심리적으로 그렇게 느낄 뿐, 실제로는 몸이 피곤해져 있는 경우가 많다. 그럴 때는 일단 누워서 몸을 쉬게 해주는 것이 가장 빠른 해결책이다.

만약 당신의 집중력이 떨어졌다면, 자리에 누워서 최소한 10분, 아니 5분이라도 눈을 붙이는 것이 좋다. 그러면 육체의 피로가 회복되어 머리도 맑아질 것이다. 일반적으로, 어떤 일이든 50~60분간 계속해서 하면 능률이 떨어지는 것은 당연한 일이다. 그러므로 한 시간 집중했다면 5분 동안은 쉬는 것이 좋다.

긴장하거나 초조한 느낌이 든다면 그 자리에서 해소하는 것이 최선이지만 만약 그렇게 되지 않을 때는 잠시 동안만 소파에 길게 드러누워 본다. 정신분석을 할 때 환자를 옆으로 눕게 하는 것도 몸을 편안하게 함으로써 마음을 이완시키기 위한 방법이다. 단, 깊이 잠이 들 정도로 오래 눕는 것은 금물이다.

회사에서 누울 장소나 시간이 마땅치 않다면 대신 가벼운 운동을 해도 된다. 스트레칭이나 심호흡을 통해 육체의 피로를 풀어주는 것이다. 집중력이 떨어졌다면, 머리보다도 몸의 피로에 눈을 돌려보자.

휴식도 계획이 필요하다

하루 30분 이상의 오로지 휴식 그 자체만을 위한 휴식이 필요하다. 이때의 바람직한 태도는 무념무상, 아무것도 생각하지 않고 보내는 것이다. 이런 시간을 규칙적으로 가지면 정신적인 피로 회복은 물론, 사고의 전환을 가져오는 계기가 되기도 한다.

자신의 몸과 마음을 개혁하고 싶다면, 하루 동안 자신의 일에 투자하는 시간과 에너지 중에서 20%를 떼어내 오직 자신의 몸과 마음을 바꾸는 데 쓰는 것이 좋다. 휴식은 계획하고 준비할 때 최상의 효과를 얻을 수 있다.

스트레스 극복법

스트레스를 극복하려면 무엇보다 자기 자신의 노력이 중요하며, 자신의 삶을 건강하게 유지시키려는 책임감이 필요하다. 삶에 대한 책임감이 있는 사람은 자기 자신을 조절할 수 있다. 자기 자신을 조절하면서 생활하는 방식을 지닌 사람은 스트레스로 인한 치명적인 위협을 받지 않는다.

- 스스로에 대해서 잘 알아야 한다.
- 목표가 뚜렷하게 있는 사람은 스트레스를 덜 받는다.
- 주위로부터 도움을 받을 수 있어야 한다.
- 실수를 두려워하지 말라.
- 효율적인 시간 배분을 하라.
- 자신만의 스트레스 해소법을 가져라.

슬럼프를 극복하는 10가지 비결

1. 타인이 아니라 '나 자신'과 경쟁하라

2. 가까운 존재를 라이벌로 정하라

3. 좋아하는 것을 하나만 끊어라

4. 마음의 여유를 갖고 해야할 일을 과감히 줄여라

5. 자기만의 스타일을 끝까지 유지하라

6. 긍정적인 생각만 떠올려라

7. 부정적 사고는 '그래도'라는 말로 바꾸어라

8. 과거의 실패로부터 자극을 받아라

9. 지나간 일은 바로 잊고 다음 일에 집중하라

10. 극도의 슬럼프에 빠지면 목표를 낮춰 재설정하라

슬럼프를
극복하는
10가지 비결

1 타인이 아니라 '나 자신'과 경쟁하라

아무리 열심히 해도 좀처럼 성과가 나오지 않을 때가 있다. 그럴 때는 집중력도 생기지 않는다. 그럼, 이런 슬럼프에 빠졌을 때는 어떻게 해야 좋을까?

모든 스포츠 경기에는 승자와 패자가 있다. 승자가 되기 위해서는 라이벌과의 시합에서 이겨야 한다. 그런데 육상 남자 100m 경기에서 '아시아 최고기록'을 보유하고 있는 이토 코지 선수는, 자신이 국제 대회라는 큰 무대에서 승리할 수 있었던 비결이 라이벌이 아니라 자기 자신과 경쟁했기 때문이라고 말한다. 다른 선수보다 얼마나 빨리 달리는가를 겨루는 육상 경기에서 타인이 아니라 자신과 경쟁한다니 좀 이상하게 들리겠지만, 그렇게 된 데는 나름의 이유가 있었다.

원래 육상 경기에는 '인종의 벽'이 있다고 한다. 특히 단거리달리기에서는 강한 순발력이 요구된다. 그 순발력을 만드는 근육이 외국 선수에 비해 동양인 선수는 덜 발달하였다. 이토 선수를 비롯한 동양인 선수는 외국인 선수에 비하면 체격적으로 불리하기 때문에, 실제로 세계 대회에서 우승하기란 하늘의 별따기다. 그런 상황에서 외국인 선수와 경쟁하여 이기는 모습을 이미지트레이닝 해봐야 실감나지 않을 테고, 당연히 시합에 대한 집중력도 생기지 않을 것이다.

그래서 이토 선수는 외국인 선수가 아니라 자신과 경쟁하기로 결심했다. 즉, 과거의 자신보다 조금이라도 빨리 달리는 것을 목표로 삼았다. 과거의 기록을 깨는 자신의 모습을 상상하는 것은 어렵지 않았다. 이렇게 새로운 목표를 세운 이토 선수는 세계 대회에서 차츰 좋은 성적을 거두게 되었다고 한다.

이렇게 가장 적절하고 효과적인 방법으로 심리상태를 강화해 나가는 멘탈 트레이닝법은 미국의 심리학자 브루너(Jerome Seymour Bruner)에 의해 제창되었는데, 그는 한 학교의 운동 경기를 예로 들었다.

그는 학생들에게 자기 자신의 기록을 깨는 것을 목표로 삼도록 했다. 타인과 경쟁하는 것이 아니라 자신의 과거 기록과 경쟁하게 만든 것은 이토 선수의 예와 비슷하다. 그러자 학생들은 달리기에 전력투구하게 되었다고 한다. 과거의 기록을 갱신한 학생들은 자신의 능력이 향상되었음을 실감하고 성취감을 맛보게 되었다.

일을 할 때나 공부를 할 때도 자기보다 잘 하는 사람이 나타나면, 누구나 기가 꺾이게 마련이다. 하지만, 그럴 때 라이벌이 아니라 과거의 자신을 목표로 삼아보면 어떨까? 전보다 조금이라도 성장하기로 마음먹었다면, 해야 할 일은 저절로 눈에 들어오게 되고 더불어 집중력도 생길 것이다.

남들과 경쟁하는 대신 자기 자신과 경쟁하는 것은 어제의 자신과 오늘의 자신을 비교하고, 또 오늘의 자신과 내일의 자신을 비교하는 것이다. 그렇게 되면 지금까지 경쟁 상대였던 남들이 나에게 협력자가 될 수도 있다.

남과의 경쟁은 끝이 없어서 승리의 축포를 터뜨리고 나면 반드시 또 다른 경쟁이 기다리고 있다. 이럴 때 묵묵히 자신의 길을 가며 남들과 비교하지 않고 스스로의 어제와 오늘, 내일을 비교하면서 어제의 자신에게 도전하고 내일의 새로운 자신을 탄생시키는 사람이 진정한 승리자가 아닐까?

자신을 다스린 후 남과 경쟁하라

경쟁한다면 시작부터 남과 경쟁하는 것으로 알지만
그것은 자신을 다스린 후에 있는 일이다.
경쟁을 처음 시작하는 것은 남과의 경쟁이 아니다.
가장 처음의 경쟁자는 바로 자신인 것이다.
자신이 자신을 이길 수 있을 때 목표를 세울 수 있으며,
또한 그 후에 남과 경쟁할 수 있다.
자신과의 경쟁에서 자신이 이기지 못한다면
다른 사람과 경쟁할 기회조차 없다는 것을 알아야 한다.
경쟁할 기회를 마련하려면 먼저 자신을 이기는 법을 배워야 한다.
자기 자신과 싸우는 일이야말로 가장 힘든 싸움이며,
자기 자신을 이기는 일이야말로 가장 값진 승리이다.

― 로가우

2 가까운 존재를 라이벌로 정하라

앞에서 '타인이 아니라 나 자신을 라이벌로 삼는다.'라고 말했는데, 물론 실제로 라이벌을 떠올려서 자극제로 삼는 경우도 적지 않다.

예를 들어, 일본의 장기왕 다니가와 코지 씨는 자기보다 더 강한형이 곁에 있었기 때문에 장기를 계속할 수 있었다고 한다.

다섯 살에 장기를 배운 다니가와 씨는 형과 자주 승부를 겨루었다. 장기를 배우기 시작한 시기는 비슷했지만, 형이 다섯 살이나 위였기 때문에 다니가와 씨는 형을 좀처럼 이길 수 없었다. 가끔은 형이 양보를 한 것인지 이길 때도 있었지만 말이다.

이렇게 '좀처럼 이기기 어려운 라이벌'이 있었기 때문에 다니가와 씨는 싫증내지 않고 장기에 열중할 수 있었던 것이다.

다니가와 씨는 형이라는 구체적이고도 자신과 실력이 비슷한 라이벌이 가까이 있었기 때문에 프로기사가 될 수 있었다고 말한다. 그리고 처음부터 명인을 목표로 삼았기 때문에, 만약 형과의 실력 차이가 아주 많이 났더라면 상대가 되지 않아 일찌감치 좌절했을지도 모른다고도 했다.

경제 애널리스트인 모리나가 다쿠로 씨 역시 비슷한 말을 했다.

모리나가 씨에 의하면, 자신의 능력을 높이기 위해서는 가까운 사람 중에 라이벌을 만드는 것이 좋다고 한다. 게다가 둘의 실력 차이는 적으면 적을수록 좋다는 것이다.

그러니 업무상의 라이벌을 정해서 집중력이나 의욕을 발휘하고 싶다면, 가까이에 있는 실력이 비슷한 존재를 찾는 것이 좋다.

이것은 일뿐만 아니라, 공부나 운동 경기를 할 때도 마찬가지다. 가까운 곳에 실력이 비슷한 라이벌이 없으면, 좀처럼 의욕이 나지 않는다고 모리나가 씨는 말한다.

슬럼프에 빠졌을 때, 라이벌의 존재를 떠올리면 '이대로 질 수는 없다!' 라는 생각이 들어서 분발하기 때문이다. 어떤 의미에서는 그렇게 자신을 분발시키는 존재가 있는 사람은 행복하다고 볼 수 있다.

또한 일이든 공부든 경쟁 상대가 있으면 절대로 상대에게 지지 않겠다는 승부욕과 투지가 생겨서 결과적으로 집중력이 향상되기도 한다.

실제로 비슷한 환경에서 자란 두 사람을 동시에 같은 부서에 배치하여 경쟁심을 유발시키는 회사도 있다. 그러면 서로 상대방의 활약상을 의식하면서 자기도 질 수 없다는 생각에 더욱 노력하게 되고 집중력도 높아지는 것이다.

3 | 좋아하는 것을 하나만 끊어라

뭔가 중요한 일을 해야 할 때, 평소에 좋아하는 일을 일부러 그만 두는 사람이 있다. 일종의 미신이라고 생각하는 사람도 있지만, 이것 은 집중력을 발휘시킨다는 의미에서 꽤 효과적이다.

심리학자 오카모토 고이치 씨는 대학 입시를 앞두고 있을 때, 담임 선생님으로부터 '취미로 치던 기타를 끊으라'는 소리를 들었다고 한 다. 그 당시 오카모토 씨는 성적이 오르지 않아 기타 연습을 하루 15 분으로 제한하고 있었기 때문에, 기타 연습이 공부에 방해가 된다고 는 생각하지 않았다.

당연히 오카모토 씨는 선생님에게 반발했지만, 선생님의 의지가 어찌나 확고한지 결국은 어쩔 수 없이 기타 연습을 완전히 끊었다. 그러자 제자리걸음이던 성적이 거짓말처럼 급상승했다는 것이다.

오카모토 씨는, 그 당시 자기가 입시 공부에 모든 것을 바칠 수 있 을지 자신이 없었기 때문에 기타를 계속했던 것은 아닐까 돌이켜 생 각해본다. 즉, 기타를 계속 침으로써 무의식중에 '자신은 입시 공부 에만 몰두하고 있지 않다'는 변명거리를 만들어놓았던 것이다.

그런데 기타를 치지 못하게 된 오카모토 씨는 입시 공부에 전력투구할 수밖에 없었다. 그런 정신적인 변화가 성적 향상이라는 성과로 이어졌던 것이다.

이렇게 좋아하는 것을 한 가지 끊어버리는 방법은, 특히 고도의 집중력을 필요로 할 때 효과가 있다.

예를 들어, 무슨 일이 있어도 실패해서는 안 되는 프레젠테이션을 앞두고 전심전력을 기울이고 싶다면 좋아하는 일을 하나 끊어본다. 이렇게 생활 자체가 프레젠테이션에만 몰두하도록 자신을 몰아붙인다면, 평소와 다른 기운이 작용하여 고도의 집중력을 만들어낼 것이다.

그리고 이왕 끊기로 마음먹었다면 습관이 될 정도로 일상생활에 깊이 녹아든 것을 고르는 것이 효과적이다. 즉, 끊어서 허전함을 많이 느끼면 느낄수록 지금이 중요한 시기라는 자각을 강하게 느끼게 된다.

일반적으로 끊는 것이라면 술이나 담배 등의 기호품을 떠올리게 되는데, 아무래도 그것이 무리라면 그 밖의 어떤 취미도 상관없다. 가령, 인터넷이나 게임이 하루 일과인 사람은 그것을 끊기만 해도 의식이 바뀌게 될 것이다.

평생 끊으라는 소리가 아니다. 잠시만 접어두고, 목표에 매진하는 것이다. 좋아하는 것은 목표를 달성했을 때의 보상으로서 남겨두자.

4 마음의 여유를 갖고 해야 할 일을 과감히 줄여라

2003년 한신 타이거즈가 우승하는 데 견인차 역할을 한 와다 유타카 타격 코치는, 컨디션이 좋지 않을 때 맹목적으로 연습하는 것은 좋지 않다고 말한다.

그의 말에 따르면, 슬럼프에 빠졌을 때 가장 시급한 문제는 슬럼프의 원인을 밝혀내는 것이라고 한다. 만약 그 원인이 체력에 있다면, 즉시 연습량을 줄이고 휴식을 취해야 한다.

이와 같이 스포츠의 세계에서는 슬럼프에 빠졌을 때 연습량을 늘리기보다 줄이는 방법을 쓰기도 한다.

그 이유는 첫째, 연습량이 줄면 그만큼 피곤한 몸을 회복시킬 수 있기 때문이다. 둘째는, 지겨운 반복 연습을 중단했다가 다시 시작하면 새로운 기분으로 몰두할 수 있기 때문이다. 게다가 연습량이 줄면, 그만큼 연습 항목 하나하나를 더욱 꼼꼼하게 챙기고 넘어가기 때문에 연습 내용이 충실해지는 이점도 있다.

이렇게 체력이나 기력을 되찾고 마음에 여유가 생기면, 지금 자신의 실력이 어느 정도인지, 또 슬럼프의 원인이 어디에 있는지도 객관적으로 판단할 수 있을 것이다.

연습량을 줄이면 그에 따른 불안감이 생기는 것도 사실이지만, 그런 불안감이 연습하고 있지 않을 때도 연습 내용을 의식하게 만든다. 그 결과, 개선해야 할 점이 새로이 발견되기도 한다.

스포츠뿐만 아니라 어떤 일에서든 잘 안 풀릴 때 쉰다는 것은 큰 용기가 필요하다. 하지만 슬럼프에 빠졌을 때는 육체적으로 피로가 쌓인 경우가 많기 때문에 때로는 휴식을 취하거나 작업량을 줄이는 것도 효과적이다.

예를 들어, 영업이 좀처럼 실적으로 연결되지 않으면 정말로 괴로울 것이다. 또한, 어학 공부를 죽어라 열심히 하는데도 성적이 오르지 않으면 힘이 쭉 빠진다.

하지만 그럴 때일수록 조바심을 내지 않도록 한다. 괜히 더 많은 일을 만들어서 자신을 극단으로 내몰지 말고, 우선은 반만 해도 된다고 느긋하게 봐주는 게 어떨까? 체력과 기력이 회복될 때까지 차분히 기다리며 활동을 계속하다 보면, 슬럼프의 원인도 확실하게 밝혀낼 수 있을 것이다.

이미 끝난 일을 후회하기보다는
꼭 해보고 싶었던 일에 대해 후회하라.

152

5 | 자기만의 스타일을
끝까지 유지하라

　문예평론가 후쿠다 가즈야 씨는 한 달에 100권의 책을 읽고, 200자 원고지로 환산하여 500~600매에 달하는 많은 양의 글을 집필하는 것으로 유명하다.

　그는 질을 떨어뜨리지 않으면서 주어진 분량을 제 시간에 마칠 수 있게 되기까지 많은 시행착오와 실패를 거듭한 끝에 자기 나름대로의 방법을 터득했다고 한다. 그 방법론 중에는 물론 집중력을 높이는 비결도 있다.

　글 중에서도 평론을 쓰는 작업은 마감시한이 있고 목표도 명확하다. 따라서 기한이 없이 써내려가는 신작소설보다 도달 지점이 확실하게 보여서, 의욕을 끌어내는 데 필요한 조건은 웬만큼 갖추어져 있다. 그럼에도 역시 집중이 안 되는 날이 있다.

　그럴 때, 후쿠다 씨는 일단 자기만의 '스타일'을 유지하는 것이 중요하다고 말한다. 후쿠다 씨는 먼저, 책상 주변을 어떤 식으로 정리해놓을 것인지를 비롯하여 집필에 필요한 자료가 되는 책은 무엇을 읽을지, 실제로 집필하는 시간은 어느 정도로 할지 등등 자기만의

'스타일'을 처음부터 확실하게 만들어놓는다. 그리고 집중이 안 될 때는 그 형식을 어떻게든 지키려고만 생각한다.

일이 순조롭게 잘 될 때의 스타일을 갖춰놓으면, 몸이 저절로 따라가서 어느새 일에 몰두하게 된다. 물론, 그래도 의욕이 나지 않고 작업에 전혀 진전이 없을 때도 있다. 그렇더라도 절대로 작업 스타일은 무너뜨리지 말고, 그 상태를 계속 유지한다.

후쿠다 씨는 몇 번의 슬럼프를 모두 그렇게 이겨냈다고 한다. 마감 시한이 다가오면, 호텔 방에 틀어박혀 집필할 수 있는 환경을 만들어도 좀처럼 원고가 써지지 않을 때가 있다. 하지만 그는 자기만의 스타일을 유지한 채 책상에 붙어앉아서 ―그 사이 30여 권의 만화를 읽었다―마감시한에 맞춰 무사히 쓸 수 있었다고 한다. 즉, 집중해서 일할 수 있는 환경을 만들려면, 일단 한 자리에 계속 머무는 것이 중요하다.

누구나 집중이 안 될 때가 있을 것이다. 예를 들어, 내일까지 제출해야 하는 보고서가 있다고 하자. 보고서에 쓸 내용은 이미 정해져 있다. 머리로는 무엇을 해야 할지 충분히 알고 있는데 몸이 영 따라주질 않는다. 이럴 때는 자기만의 '스타일'을 끝까지 고수하는 것이 좋다.

그러기 위해서는 이 책의 앞부분에서도 말했다시피, 자신만의 집중이 잘 되는 상태, 즉 '집중 존'을 알아야 한다. 단, 사람마다 성향이 다 다를 테니, 미리 자기만의 방식을 확립해 놓는 것이 좋다.

일하는 스타일에 따라 업무 능력이 변한다

1. 집중력 : 10시간을 산만하게 하기보다 1시간을 집중해서 하도록 하라. 한 가지에 집중을 하면 문제 해결 능력이 훨씬 높아진다.

2. 정리 : 책상이 지저분하면 주의가 산만해지기 쉽다. 책이나 문서를 제대로 정리하지 못하면 필요할 때 쉽게 찾지 못하고 헤매느라 불필요한 시간을 쓰게 된다. 주변 정리가 안 되면 머릿속 역시 정리될 수 없다.

3. 계획 : 계획이 세워져 있지 않으면, 무엇부터 해야 할지 우왕좌왕하기 쉽다. 계획을 세워 놓고도 지키지 않는다면 계획이 없는 것이나 마찬가지다. 하루 일과를 계획대로 처리하고, 주중 계획, 월중 계획과 같은 장기 계획도 세워라.

4. 휴식 : 10시간을 녹초가 된 채 쉬지 않고 일하는 것보다 1시간마다 단 10분이라도 휴식을 취하면서 일하는 것이 능률면에서 훨씬 효율적이다. 몸이 피로해지면 당연히 집중력 저하로 이어지고, 몸이라도 아프게 되면 그나마 일을 더 할 수도 없다.

5. 주변 환경 : 주변 환경에 따라 일의 능률이 달라진다. 주변 환경을 자신의 스타일에 맞게 정돈하라.

6 | 긍정적인 생각만 떠올려라

스포츠 세계에서는 이미지트레이닝을 하는 선수가 상당히 많다. 한 예로, 프로야구에서는 요코하마의 사사키 가즈히로 투수가 대표적이다. 그는 실패해도 항상 긍정적으로 생각한다고 한다.

예를 들어, 어느 날 시합의 마지막 회에 등판하여 연이어 안타를 맞았다고 치자. 하지만 다행히 무실점으로 막아서 시합에 이겼다면, 그는 '안타를 맞았다'는 사실보다 '무실점으로 막았다'는 사실만을 뇌리에 각인시킨다고 한다. 마지막 타자를 잡고 시합에 이긴 기쁨만을 가슴에 간직하면, 안타를 맞은 사실은 금방 잊어버리고 다음 등판 기회에도 긍정적인 생각으로 임할 수 있다는 것이다.

물론, 사사키 투수도 때로는 후속 타자를 막지 못하고 역전을 당할 때가 있다. 하지만 그럴 때는 역전타를 맞은 일은 잊어버리고, 그 전에 강타자를 삼진으로 잡은 것만을 기억한다. 이렇게 시합에서 패한 기억이나 부정적인 생각을 지워 버리는 것이다.

이미지트레이닝을 거듭하여 자신이 성공하는 모습을 상상할 수 있게 되면, 동시에 안 좋은 이미지도 떠오르게 된다고 한다. 과거에 실패했던 기억이나 생각하기도 싫은 추억이 생생하게 떠올라서, 이번에도 역시 실패할 거라고 생각하게 되는 것이다.

그런 때야말로 사사키 선수의 방식은 참고가 될 것이다. 머릿속에 안 좋은 생각이 자꾸 떠오르면 그 위에 긍정적인 생각을 덧칠한다.

이와 같이 자신이 성공했던 경험만을 머릿속에 되풀이해서 생각하는 습관을 기르면, 부정적인 생각을 떨쳐 버릴 수 있어 심리적으로 위축되는 일도 없을 것이다.

심리학자 앳킨슨(J. W. Atkinson)은, 아무리 의욕이 있어도 '실패하면 어쩌나?' 하는 생각이 강하면 목표를 달성할 가능성이 줄어든다고 지적한다.

예를 들어 처음으로 스키를 배울 때, '빨리 설원 위를 멋지게 달리고 싶다' 라고 생각하는 사람과 '미끄러져서 골절이라도 당하면 어쩌지?' 라고 생각하는 사람이 있다고 치자. 이때, 후자는 부정적인 사고의 지배를 강하게 받아 아무래도 빨리 배우기 어렵다고 한다. 이는 긍정적으로 생각하지 못하고 실패를 떠올리며 불안해하면, 행동이 자유롭지 못하고 집중력이 떨어지기 때문이다.

따라서 마음이 불안해지면, '괜찮아' 라고 마음을 안정시키고 긍정적인 생각만 떠올리도록 하라. 그렇게 반복하면, 점점 정말로 잘 될 것이라는 느낌이 들 것이다.

7 | 부정적 사고는 '그래도'라는 말로 바꾸어라

앞에서 '긍정적인 생각'의 효과에 대해 소개했다. 하지만 실제로는 그렇게 하지 못해서 힘들어하는 사람도 많을 것이다.

누구나 잘 나가고 있을 때는 긍정적인 생각을 할 수 있다. 그러나 일단 슬럼프에 빠지거나 심리적으로 쫓기게 되면, 자기도 모르게 부정적인 생각을 하게 되는 것이 사람의 마음이다.

그러면 그럴 때는 어떻게 해야 좋을까?

처음부터 다른 사람의 힘을 빌릴 수 없다면, 답은 하나밖에 없다. 스스로 '그래도'라고 말하며 생각을 바꿔 기분을 전환하는 것이다.

부정적인 사고에서 긍정적인 사고로 기분을 전환하고 싶을 때는 먼저 실패한 자신을 인정한 다음, '그래도……'라고 반문해본다. '그래도 아직 완전히 끝난 것은 아니야. 지금 열심히 하면 충분히 만회할 수 있어.'라고 말이다.

좌절하고 있을 때야말로 열심히 자기 자신을 다독이도록 하라. 부정적 생각에 빠져서 폐인이 되기 전에 스스로 자신을 구해내야 한다.

그리고 또 하나, '그래도'를 말할 때는 마음속으로 그렇게 생각할

뿐만 아니라, 실제로 소리내어 말하는 것이 좋다. 이것은 일종의 자기암시로, 목소리를 내는 데는 그 나름대로 의미가 있다.

인간의 뇌에는 자기가 내뱉은 말을 그대로 실행하려는 성질이 있다. 그러니 우울할 때는, "그래도 아직 괜찮아."라고 뇌에 말을 걸면 정말로 그런 기분이 드는 것이다.

예를 들어, '이번에도 회의에서 내 생각을 제대로 설명하지 못했다.'고 실망했다면, '그래도 다른 사람들의 의견을 듣는 동안에 좋은 아이디어가 떠올랐으니, 다음주 회의 때까지는 생각을 정리해보자.'라고 '그래도'를 붙여서 기분을 전환해본다.

업무 외의 고민거리도 마찬가지다. '이렇게 다이어트를 열심히 했는데, 2주 동안 체중이 전혀 줄지 않았다.'고 조바심이 날 때는 '그래도 체중이 늘지는 않았으니, 조금만 더 열심히 하면 이제 줄어들 거야.'라고 생각한다. 이렇게 하면 다시 의욕을 낼 수 있다.

만약 소리내어 말하기 곤란할 때는 마음속으로 가만히 읊조려본다. 부정적인 사고에 빠졌을 때는 우선 그렇게 자신을 다독인다. 이때 부정적인 사고에서 벗어나지 못하면, 거기에서 쉽게 빠져나올 수 없다.

슬럼프에서 탈출하여 평소와 같은 집중력을 발휘하기 위해서는 슬럼프가 장기화되지 않도록 빨리 조치하는 것이 최우선이다.

긍정적인 생각이 인생을 바꾼다

'웃는 얼굴에 침 못 뱉는다.'는 말이 있다. 미소 띤 얼굴은 상대방을 기분 좋게 한다. 긍정적인 사람은 항상 웃고, 말투도 부정적인 사람의 그것과는 딴판이다. 긍정적인 생각은 그 사람의 삶을 바꾸어 놓는다.

만면에 늘 웃음을 띠고 있어 만나는 이들을 기분좋게 만드는 사람은 매사를 긍정적으로 생각한다. 긍정적인 생각으로 모든 일을 바라보기 때문에 저절로 얼굴에 미소가 흐르는 것이다.

그렇다면, 긍정적인 생각은 어디서부터 출발하는 걸까? 물론 자기 자신으로부터 시작된다. 자기 자신을 사랑하기 시작하면, 도미노처럼 모든 것들을 긍정적으로 생각해나가게 된다.

그러나 대부분의 사람들은 세상을 살아오면서 여러 번의 실패를 겪기 마련이다. 크든 작든 그러한 실패로 인해 자기 자신을 부정적으로 바라보는 경우가 많다. '내가 하는 일이 그렇지 뭐.' '내가 어떻게 그런 큰일을 해?' 큰 프로젝트를 추진하거나 새로운 업무를 부여받았을 때도 이렇듯 패배의식에 젖어 있는 경우가 많다.

먼저 자신의 존재를 긍정적으로 바라보라. 그러려면 자신에 대해 좀더 너그러워져야 한다. 그것은 자신의 단점보다 장점들을 더 자주 바라보라는 말이다. 자기최면을 걸어서라도 매사를 긍정적으로 바라보게 되면 생각지도 못한 좋은 결과들이 꼬리에 꼬리를 물고 따라올 것이다. 모든 일에 자신감을 갖게 됨은 물론이고, 활기에 넘쳐 하루하루가 행복할 것이다.

8 | 과거의 실패로부터
자극을 받아라

앞에서 이미지트레이닝 방법으로 긍정적 이미지만을 기억한다는 사사키 투수의 예를 소개했는데, 실은 그와 반대되는 방법도 있다.

예를 들어, 세이부 라이온스의 주전 투수인 마쓰자카 다이스케는 패한 경기의 비디오테이프를 가끔 돌려보며 그 당시의 분했던 감정을 떠올린다고 한다.

일반적인 방법으로는 경기에 졌을 때의 패배감이 남아 있지 않도록 좋은 생각만 떠올리는 것이 보통이지만, 마쓰자카 투수는 전에 맛보았던 굴욕감을 떠올리면서 그것을 도약의 발판으로 삼았다. 이는 일종의 충격요법이라고 할 수 있는데, 물론 효과는 있다.

인간은 무언가에 실패하거나 수치심을 느끼면, 갑자기 열이 오르며 흥분하게 된다. 하지만 이때 느끼는 '까짓것' 하는 분노가 사람을 성장시킨다. 분해서 욱 하고 화가 치솟으면, 평소에는 볼 수 없었던 의욕과 집중력이 나오는 것이다. 예선을 기대에 못 미치는 점수로 겨우 통과한 선수가 본선에서 역전승을 거둘 때가 있다. 이는 '분하다'라는 굴욕감이 좋은 방향으로 작용했기 때문일 것이다.

더구나 마쓰자카 선수처럼 실제로 겪었던 분한 감정을 영상으로 다시 겪게 되면, 그 분노가 한층 더 커진다. '이번 경기는 반드시 이긴다. 아자!' 라고 단순히 외칠 때보다 '두 번 다시 지지 않을 거야. 반드시 승리한다!' 라고 이를 악물었을 때 집중력이 더 높다는 사실은 불을 보듯 뻔하다.

LA 올림픽에서 금메달을 딴 유도 선수 야마시타 야스히로 씨도 현역시절 힘든 연습으로 좌절감을 느낄 때면, 패했던 시합을 머리에 떠올리면서 '그때의 기분은 두 번 다시 맛보고 싶지 않아.' 라고 생각했다고 한다. 시드니 올림픽에서 금메달을 딴 다무라 료코 씨도 애틀랜타 올림픽 결승에서 복병(북한의 계순희 선수)에게 패한 경험이 있었기에 4년 동안의 혹독한 훈련을 견뎌낼 수 있었을 것이다.

이것은 일이나 공부에도 해당된다. 누구나 한두 번쯤은 실패를 겪어봤겠지만, 단순히 '다음 프레젠테이션은 열심히 해야지.' 라고 생각하는 것보다 '전에는 조사가 부실해서 얼마나 부끄러웠는지 몰라. 두 번 다시 같은 실수를 되풀이하지 말아야지. 그러니 열심히 하자.' 라고 과거의 실패를 돌아보면서 결의를 다지는 편이 프레젠테이션에 임하는 의욕이 높은 것이다.

'화장실에 갈 때 마음 다르고 올 때 마음 다르다.' 라는 말이 있는데, 때로는 과거의 실패를 떠올리며 자신의 의욕에 불을 붙여보자. 특히 슬럼프에 빠졌을 때는 그런 충격요법도 필요할 것이다.

9 지나간 일은 바로 잊고 다음 일에 집중하라

　교진의 나가시마 시게오 명예감독이 현역으로 뛰던 시절, 그가 데뷔전에서 가네다 쇼이치 투수와 대전했을 때의 일이다. 이때 나가시마 선수가 4타석 4삼진으로 가네다 투수에게 완패한 사건은 아주 유명한데, 가네다 투수는 이때 이미 이 신인 타자의 대단한 능력을 간파했다고 한다.

　예를 들어, 보통의 타자는 첫 타석과 두 번째 타석에서 헛스윙하여 삼진을 당했다면, 세 번째 타석에서는 어떻게든 공을 맞히기 위해 스윙을 짧게 하기 마련이다. 이전 타석에서 삼진을 당한 것이 뇌리에 남아 있기 때문이다.

　하지만 나가시마 선수는 세 번째 타석에서도 크게 헛스윙하며 삼진을 당한다. 네 번째 타석에서도 앞서의 결과에 상관없이, 마치 지금까지 한 번도 삼진을 당한 적이 없는 사람처럼 방망이를 휘둘렀다. 타석에 들어설 때마다 마치 첫 타석인양 크게 스윙을 해대는 이 신인에게서 가네다 투수는 예사롭지 않은 기운을 느꼈다고 한다.

　집중력의 비결은 현역시절의 나가시마 선수처럼 '잊어버리는 것'

에 있다고 할 수 있다.

집중력을 습득하고자 할 때, 보통은 의식을 얼마나 한 점에 끌어모으는가에만 초점을 맞추는데 — 물론 그것이 대전제이기는 하지만 — 한 점에 쏟은 의식을 자유자재로 '이동' 시키는 능력도 중요한 것이다.

집중해야 하는 대상은 차츰 변해가기 마련이다. 전에 있었던 일을 언제까지나 마음에 담아두고 있으면, 다음 목표물을 향해 의식을 전환할 수 없다. 과거의 실수에 연연하다 보면 그것이 발목을 잡아서 지금 해야 할 일에 집중하지 못하게 된다.

세계 골프 명예의전당(WGHF)에 이름을 올린 한 선수는, 집중력을 잃지 않고 18홀을 돌기 위해서는 그 전 홀에서 했던 실수는 바로 잊어버리고 다음 홀에만 열중하는 것이 중요하다고 말한다. 방금 전의 실수를 계속 마음에 담아두고 있으면, 아무리 시간이 흘러도 집중할 수 없다는 것이다. 이 선수뿐 아니라 각 분야에서 맹활약하고 있는 사람들을 보면, 지나간 일은 잊고 다음의 목표에 매진한다는 특징이 있다.

일이나 공부를 할 때 생각처럼 잘 되지 않으면, 계속 고민하느라 눈앞에 놓인 일에 몰두하지 못하게 된다.

그러면 '다시 실수를 한다 → 좌절한다 → 집중하지 못한다……'는 악순환에 빠지기 쉬우므로 주의해야 한다.

10 극도의 슬럼프에 빠지면 목표를 낮춰 재설정하라

앞에서 목표는 높게 세우는 것이 원칙이라고 말했다. 하지만 예외도 있다. 바로 몸과 마음이 모두 지쳐서 도무지 의욕이 나지 않을 때, 바꿔 말하면 극도로 슬럼프에 빠졌을 때이다.

그럴 때는 높은 목표를 달성하려고 애써봤자 시간 낭비일 뿐이다. 결국 일은 전혀 진척되지 못하고 스트레스만 쌓여서 짜증을 내기 쉽다. 그러므로 극도의 슬럼프에 빠졌을 때는 차라리 목표를 낮추어 다시 설정하도록 한다. 그리고 어떻게든 성취감을 맛보는 것이다.

일단 작은 일에 성공하게 되면, 자신감이 붙어서 기분을 전환할 수 있다. 시험 문제를 풀 때, 쉬운 문제부터 풀기 시작하면 신이 나서 어려운 문제까지 풀게 되는 것과 마찬가지다. 그렇기 때문에 조금씩 성취감을 느끼면서 자신감을 회복하는 것이 중요하다.

예를 들어, 재활에 성공한 사람들의 특징은 목표를 낮게 설정하는 것이라고 한다. 회복이 빠른 사람은 먼저 침대에 누운 상태에서 목발에 의지해 자리에서 일어서는 것을 목표로 한다. 그리고 성공하면, 그 작은 성공을 기뻐한다고 한다.

반대로, 처음부터 걸으려고 하거나 목표를 높게 세우는 사람일수록 현실과의 괴리에 비관하여 기력을 잃고 회복이 늦어진다고 한다. 역시 슬럼프에 빠졌을 때는 목표를 낮게 세우는 것이 현명한 일이다.

가령 다이어트도 도중에 좌절하는 사람들은 대개 처음부터 '한 달 동안 10kg 감량' 따위의 무리한 목표를 세우는 예가 많다. 그러나 높은 목표를 세우기에 앞서, 도중에 좌절할 정도로 의지가 약하다면 우선은 2kg이라도 빼는 것을 목표로 잡는다. 그러면 실현할 수 있을 것 같은 숫자에 자신감이 생겨 성공할 가능성은 훨씬 커진다.

비록 2kg이라도 감량에 성공하면, 바디라인이 변하면서 바지가 조금 헐렁해지거나 몸이 가벼워진다. 그러면 다이어트에 탄력이 붙어서 살을 좀더 빼고 싶다는 욕구가 생긴다. 10kg 감량이라는 큰 목표는 그런 작은 목표를 하나씩 달성한 결과 저절로 얻어지는 것이 이상적이다. 그러면 다이어트에도 무리가 없기 때문에 결과적으로 요요 현상도 줄어든다.

어쨌든 슬럼프에 빠졌을 때 가장 필요한 것은 자신감을 회복하는 일이다. 그러기 위해서는 작은 일부터 하나씩 착실히 달성해가는 것이 중요하다.

> 행복을 사치스러운 생활 속에서 찾는 것은
> 마치 태양을 그림 속에 그려놓고
> 빛이 비치기를 기다리는 것이나 다름없다.

슬럼프에서 벗어나기 위한 자기암시

- 현재 상황을 인정하고 여유롭게 기다리는 것을 배우자.
- 지금의 자신에게 실망하지 말자. 내 삶의 지휘관은 나 자신이다.
- 운동이나 환경을 바꿔서 기분을 변화시키자.
- 평소보다도 여유있게 계획을 세우자.
- 원인을 찾고 쉬운 일부터 시작하자.
- 조급한 마음이 몸과 정신을 더 지치게 만든다는 것을 알자.
- 자신이 지금보다 훨씬 낫게 변화될 수 있음을 믿자.
- 하루 아침에 자신이 고쳐지지 않는다고 실망하지 말자.
- 보잘것없는 것에 관심두지 말고 높은 곳에 뜻을 두자.

꿈을 이루기 위한 자기암시

- '불가능' 이라는 단어를 생각하지 말자.
- 어려움 앞에서 낙심하지 말고 끝까지 노력하자.
- 내 자신의 가능성을 믿고, 실패할 위험이 있더라도 포기하지 말자.
- '남도 못했는데 내가 어떻게?' 하고 생각하지 말자.
- 환경 때문에 불가능하다고 생각하지 말자.
- 장래 설계를 하며 언제나 희망을 갖자.
- 뜻을 세웠으면 당장은 이익이 없더라도 밀고 나가자.
- 하나의 목표가 이루어졌다고 중단하지 말고 더 좋은 새로운 목표를 정하고 전진하자.

결정적인 순간에 집중하기 위한 8가지 비결

1. 어깨에 힘을 빼고 편안한 마음을 가져라

2. 적당한 긴장감을 유지하라

3. 낙관적인 생각을 하라

4. 어떤 상황에서든 냉정함을 잃지 말라

5. 자신이 집중해야 할 대상을 구체적으로 정하라

6. 큰 무대에서는 모든 동작을 천천히 하라

7. 복식호흡 습관을 들여라

8. 기분이 좋아지는 음악을 들어라

결정적인
순간에
집중하기 위한
8가지 비결

1 어깨에 힘을 빼고 편안한 마음을 가져라

　중요한 회의나 시험과 같이, 누구나 집중력을 발휘해야 하는 '결정적인' 순간이 있다. 이 장에서는 그런 순간에 유용한 노하우를 소개하기로 하겠다.

　어떤 일에 완전히 집중해 있는 사람의 뇌파를 조사해보면, 긴장을 풀고 편안히 쉴 때 발생하는 α파(알파파)와 긴장했을 때 발생하는 β파(베타파)가 일정한 리듬으로 나타나고 있음을 알 수 있다. 이것이 이상적인 집중의 형태이다. 즉, α파나 β파 어느 한쪽만 계속 나오는 것이 아니라 α파와 β파가 교차적으로 나온다는 것은 바꿔 말하면, '편안한 마음으로 집중하고 있다'는 뜻이다. 그야말로 집중력을 발휘할 수 있는 가장 이상적인 방법이라 하겠다.

　마찬가지로, 시합 중에 마음을 편하게 가지면서도 집중력을 발휘하는 대표적인 선수로는 현재 메이저리그에서 활약 중인 이치로 선수를 꼽을 수 있다. 이치로 선수가 일본에서 활약하던 시절, 그의 뇌파를 조사했더니 91%가 '밀도 α파'였다고 한다.

　밀도 α파란, 마음은 편안하면서도 한편으로 집중을 하고 있는 상태를 보여주는 뇌파이다. 야구 선수는 보통 이 수치가 낮으면 실수가 눈에 띄게 늘어나고, 반대로 60%를 넘으면 대부분의 미스플레이가 사라진다고 한다. 91%라는 놀라운 수치를 기록한 이치로 선수는, 이 수치대로라면 시합중에 이상적인 형태로 집중을 하고 있는 셈이다.

비행 중인 조종사도 마음을 편하게 가지면서도 정신을 집중하여 매일의 업무에 임하고 있다고 한다. 왜냐하면 조종사는 늘 엄청나게 많은 계기판이나 램프를 주시하며 눈을 크게 뜨고 있어야 한다. 따라서 어떤 면에서 볼 때, 힘을 빼고 편안하게 있지 않으면 오랫동안 집중력을 유지할 수가 없다.

이를 통해 알 수 있는 것은, 어깨에 힘을 주고 한 가지 일에 몰두하는 것만이 집중은 아니라는 사실이다. 오랜 시간 집중력을 유지하고 싶다면, 동시에 마음을 편하게 하는 것도 배우지 않으면 안 된다.

프로골퍼 사카다 노부히로 씨도 한 잡지와의 인터뷰에서, 정신을 집중하는 것이 마음을 지치게 하는 것은 아니라고 말했다. 오히려 집중하면 할수록 머리가 맑고 상쾌해진다는 것이 그의 지론이다.

그래서 사카다 씨는 필드에 나오면, 몸에 힘을 빼고 플레이를 한다고 한다. 집중해야 한다고 생각하면, 몸에 힘이 들어가서 자신의 기량을 100% 발휘하지 못하기 때문이다.

어깨에 힘을 빼고 집중하는 것, 이것이 최고의 집중력을 발휘할 수 있는 비결이다.

알파파의 양면성

사람이 적당히 긴장하며 일상적인 활동을 하고 있을 때는 주로 베타파가 나와서 일을 효과적으로 처리한다. 그러나 스트레스가 심하여 긴장의 도가 지나치면 흥분하게 되어 빠른 베타파가 나타나는데, 이때는 감정적인 흥분 상태로 다른 사람과 잘 충돌하거나 어떤 사실을 곧잘 잊어버리기도 한다.

한편, 감정을 잘 조절하여 마음이 평온해져서 깊은 사색에 빠지면 매우 느긋한 상태가 되어 알파파가 나오게 되는데, 이때 일을 처리하는 능력은 베타파가 나올 때보다는 떨어지지만 집중력, 창조력, 기억력 등의 능력은 좋아진다. 그러나 이러한 마음의 평정도가 지나치면 알파파는 세타파나 델타파로 바뀌게 돼 졸음이 오거나 수면 상태로 들어갈 수 있다.

스트레스가 심하여 긴장이 지나친 사람에게는 빠른 베타파가 많이 나오기 때문에 명상이나 선, 음악 훈련 등을 통해 알파파를 나오게 하는 훈련이 도움이 될 수 있다. 그러나 앞서 말한 바와 같이 알파파는 시험공부를 하는 학생들이나 정밀 작업을 하는 사람, 운동선수에게는 능률을 떨어뜨릴 수도 있는 만큼 반드시 좋은 점만 있는 것은 아니다. 오히려 베타파와 알파파의 균형있는 조화가 훨씬 큰 도움이 될 것이다.

2 적당한 긴장감을 유지하라

프로골퍼 나카무라 도라키치 씨에 의하면, 긴장해도 좋은 샷이 나오면 프로이고 실수가 나오면 아마추어라고 한다. 스타트 라인에 섰을 때 프로든 아마추어든 긴장하는 것은 마찬가지지만, 긴장감을 내 편으로 만드는 것이 프로라는 것이다.

확실히 아마추어는 긴장하면 마음을 편안하게 해야 한다는 부담감 때문에 '어깨의 힘을 빼고 평소처럼 하자.'고 생각하면 할수록 몸이 더 경직되고 긴장감에 짓눌려 실력을 발휘하지 못하게 된다.

그러나 프로는 똑같이 긴장하더라도 그 긴장된 상태를 한 점으로 모아 좋은 실력을 발휘하기 위한 집중력으로 전환해 나간다. 즉 아마추어에게 있어서 방해가 되는 긴장감을 프로들은 집중을 위한 필요조건으로 삼아 자신에게 플러스가 되게 만드는 것이다.

결정적인 순간에는 누구나 조금씩 긴장하기 때문에 '나만 긴장하는 게 아냐.' '긴장하는 것이 당연해.' '조금 긴장해야 오히려 집중이 잘 될 거야.' 라고 긍정적으로 생각하는 것이 좋다.

앞에서 어깨의 힘을 빼고 집중하는 것이 집중력을 발휘하는 비결이라고 설명했는데, 이때도 마찬가지다. '집중하기 위해서는 적당한 긴장도 필요하다' 는 생각으로 긴장하는 것을 당연하게 여기며 플레이를 하면, 괜히 떨지도 않고 적당히 긴장이 풀려서 프로와 같은 집중력을 발휘할 수 있을 것이다.

반대로, 너무 마음을 놓아서 긴장이 완전히 풀려 버리면, 이상적인 집중력을 얻을 수가 없다. 적당히 긴장도 해야 집중력이 발휘되는 것이다. 따라서 긴장감을 내 편으로 만들 필요가 있다.

예를 들어, 중요한 프레젠테이션을 할 때 모두의 시선이 일제히 자신에게 쏠리면 누구나 다소 긴장하게 되는데, 그런 때야말로 '조금 긴장하는 것이 당연하다. 지금이라면 보통 때보다 힘이 더 날 거야.' 라고 생각해본다. 그러면 마음이 한결 편안해질 것이다. 실제로 이렇게 긴장감을 내 편으로 만들면, 실력 이상으로 좋은 성과를 얻을 가능성이 많다.

또한, 자격증 시험을 공부할 때도 마찬가지다. 비록 어려운 문제가 줄줄이 나왔더라도 '긴장하면 안 돼. 이번에 망치면 다음 시험은 1년 후라는 걸 명심해.' 라고 생각해서는 안 된다. 그러면 과도한 압박을 느껴서 오히려 제 풀에 지치게 된다. 우선은 적당한 긴장감이 집중력을 만든다는 사실을 떠올리고 자기 자신을 조절해 보자.

왜 긴장하면 제 실력을 발휘하지 못할까?

사람은 누구나 긴장하게 되면 자신이 원하는 대로 일을 추진할 수 없다. 아마 스포츠 선수들은 그 긴장감이 더할 것이다. 도대체 왜 경기를 앞두면 긴장을 하게 되고, 또 어떻게 해야 그런 긴장된 상태에서 벗어날 수 있을까?

우선, 해결 방법을 생각하기 전에 긴장의 원인을 생각해 보자.

긴장은 주로 '마이너스 이미지' 때문에 생겨나는 현상이다. 마이너스 이미지란, '만약 이 경기에서 패하면 어쩌지?' '저렇게 많이 성원해 주고 있는데 그에 대한 보답을 못하면 어쩌지?' 라는 부정적인 생각을 말한다.

모든 의식이 이런 부정적인 사고에 사로잡혀 있기 때문에 자신이 원하는 대로 몸이 움직여주지 않는 것이다. 또한, 그런 사고에 의해 의식이 지배당하게 되면 다량의 혈액이 뇌에 집중되는 현상을 초래한다.

긴장 상태에 빠져 있는 사람의 혈액 순환 비율을 살펴보면 매우 불균형한 상태라고 한다. 중요한 일을 앞두고 자주 화장실을 들락거리거나 하는 것도 긴장함으로써 혈액 순환이 안 돼 하반신이 차가워지면서 생기는 현상이다.

이 외에도 호흡이 불규칙해지고 거칠어지기도 한다. 시험이나 경기를 앞두고 갑자기 졸립거나 하품이 나오는 것도 다 긴장 상태와 관련이 있다.

긴장을 하게 되면 호흡이 얇아지면서 체내에 필요로 하는 산소의 흡입량이 급격히 줄어들게 되고, 따라서 갑자기 졸리운 현상이 발생하거나 필요한 산소를 보충하기 위해 계속해서 하품을 하게 되는 것이다.

3 낙관적인 생각을 하라

　한 야구감독은 "오늘은 좋은 성적을 내지 못했지만, 내일은 반드시 좋은 성적을 낼 거라고 믿는다."고 말했다.

　이런 자세는 정말로 배울 점이 많다. 왜냐하면, '내일은 되겠지.' 라는 낙관적인 생각이 마음에 여유를 주고 결정적인 순간에 집중력을 확 끌어올리기 때문이다.

　반대로 '이렇게 열심히 했는데 오늘도 망쳤어. 내일도 분명히 잘 안 될 거야.' 라고 비관적인 생각에 빠지면, 불안감이나 쓸데없는 잡념 때문에 일에 집중할 수 없게 된다. 그러면 자기 스스로 만든 압박감에 짓눌려서 옴짝달싹 못할 뿐이다. 이래서야 제 실력을 발휘하기는 어려울 것이다. 그보다는 '내일은 좋은 일이 생길 거야.' 라고 낙관적으로 생각하면서 쓸데없는 불안감은 떨쳐버리는 것이 좋다.

　실제로 어떤 실험에 의하면, 자신에 대해 낙관적인 생각을 가진 사람이 머리를 더 효율적으로 활용한다는 사실이 밝혀졌다.

　실험에서는 A 그룹의 피험자에게 '영업 실적이 올랐다.' '좋아하는 사람과 데이트했다.' 와 같이 기분좋은 일을 생각하게 하고, 반대로 B 그룹의 피험자에게는 '성적이 오르지 않아 고민이다.' '좋아하는 사람에게 차였다.' 와 같은 부정적인 생각을 떠올리게 했다.

그리고 하나의 키워드를 정해 놓고 그것에서 연상되는 단어를 양쪽 그룹에 각각 말하게 했다. 그 결과, 낙관적인 생각을 한 A 그룹의 피험자들이 단어를 연상하는 비율이 20% 정도 높게 나왔다.

이 사실만으로도, 낙관적인 생각을 하는 쪽이 풍부한 발상으로 유연한 사고를 한다는 것을 알 수 있다. 낙관적인 생각을 하는 것은 정신을 집중시키는 데 있어 결코 소홀히 할 수 없는 중요한 요소이다.

그러므로 비관적이 되기 쉬운 사람은 뭐든 좋으니까 낙관적인 생각을 하도록 자신을 변화시키는 것이 좋다.

그래도 낙관적인 생각을 하는 데 서툴다는 사람은 사소한 일에도 '운이 좋다' 고 생각하자. 예를 들어, 역에 도착하자마자 전철이 와서 기다리지 않고 금방 탔다거나, 전부터 찾고 있던 책을 가까운 서점에서 찾았다거나, 아무리 사소한 일이라도 상관없다. 사소한 일이라도 그것을 계기로 자신의 생각을 낙관적으로 바꿀 수 있을 것이다.

사람들은 자신이 하고 싶은 일을 할 수 없는
수천 가지 이유를 찾고 있는데,
정작 그들에게는 그 일을 할 수 있는
한 가지 이유만 있으면 된다.

생각을 바꾸자

사람은 하루에 5~6만 가지 생각을 하는데, 이러한 생각의 85%는 부정적인 생각이고 나머지 15%만이 긍정적인 생각이라고 한다. '나는 할 수 있어' '나는 행복해' '감사해' 라는 긍정적인 생각보다는 부정적 표현인 '왠지 불안해' '뭔가 잘못되어 가고 있는 것 같아' 등의 생각이 훨씬 많다는 것이다. 그래서 사람들이 우울증이나 스트레스에 노출되어 있는 것이다.

스트레스나 우울증, 불안은 바로 이 85%의 부정적인 생각을 붙들고 있을 때 느끼는 감정이다. 기분이 안 좋을 때 '원래 난 우울한 성격이야.' 라고 자책할 수도 있지만, '살다보면 기분이 안 좋은 순간도 있어.' 라며 그 순간을 벗어날 수도 있다.

실패했을 때 '아, 또 실패했어. 난 이 정도밖에 안 돼.' 하는 생각은 자신을 좌절의 구렁텅이로 몰아넣을 뿐이다. 하지만 '음. 이렇게 하면 안 되는구나. 안 되는 방법 하나를 알았으니 만족스럽다.' 하는 생각은 자신을 위로할 수 있다. 결국 어떠한 생각을 하느냐가 인생의 즐거움을 좌우한다.

85%의 부정적인 생각을 하느냐, 아니면 15%의 긍정적인 생각을 하느냐는 온전히 자신의 몫이다.

가령, 키가 작은 사람이라면 자신은 키가 작지만 하늘에서 재면 더 크다든가, 길가에 떨어진 돈을 남보다 더 빨리 주울 수 있으니 부자가 될 확률이 더 높다고 생각할 수도 있다. 이처럼 긍정과 부정의 차이는 백짓장 한장 차이지만 삶의 질은 하늘과 땅 차이다.

4 어떤 상황에서든 냉정함을 잃지 말라

프로기사 다니가와 코지 씨는 『집중력』이라는 책 속에서 대국 상대와 관련된 재미있는 에피소드를 소개하고 있다.

그 책에 의하면, 상당수의 기사들이 독특한 버릇을 갖고 있다고 한다. 예를 들어 대국 중에 습관적으로 헛기침을 하거나, 선 한가운데에 말을 제대로 놓지 않거나, 시합의 주도권을 잡자마자 기세좋게 딱하고 소리를 내며 말을 놓기 시작하는 기사도 있다고 한다.

이러면 아무리 집중하려고 해도 신경이 쓰여서 짜증이 날 때도 있을 것이다. 실제로 다니가와 씨도 대국 중에는 평소보다 신경이 날카로워지기 때문에 사소한 일로도 집중력이 흐트러진다고 한다. 컨디션이 좋을 때야 상관없지만, 불리한 국면에 접어들면 아무래도 상대의 사소한 행동도 신경 쓰이기 마련이다.

바로 그렇기 때문에, 집중력을 유지하기 위해서는 감정을 조절할 수 있어야 한다는 것이다. 화가 나서 냉정함을 잃으면, 결국은 페이스를 잃고 승부에 지고 만다. 조바심을 내지 말고, 포기하지 말며, 자신의 페이스를 끝까지 유지한다. 이것이 그의 좌우명이다.

이것은 물론 승부에만 국한된 것이 아니다. 회사에서 일을 할 때도, 집중해야 하는데 주위에서 짜증나는 일이 일어나는 경우가 종종 있다. 예를 들어, 공연히 시비를 거는 상사, 지시를 내리지 않으면 꼼짝도 안하는 부하 직원, 하필이면 바쁠 때 밀려드는 전화와 메일…….

이런 상황에서는 누구나 자기도 모르게 화가 나겠지만, 화를 낸다고 문제가 해결되지는 않는다. 우선 냉정함을 되찾지 않으면, 일에 집중하지 못해 자칫 실수를 저지를 수도 있다.

그러니 짜증이 날 것 같으면, 바깥 공기를 쐬거나 차를 마시면서 일단 마음을 가라앉힌다. 그 편이 시간은 걸리더라도 화가 머리끝까지 난 채로 있는 것보다 결과가 훨씬 좋을 것이다.

그리고 잠시 후 냉정을 되찾았다면, 그때부터 일을 하나하나 처리해 간다. 이것이 주위의 잡음에 현혹되지 않고 일을 하는 비결이라고 할 수 있다.

일이 뜻대로 되지 않을 때는 나보다 못한 사람을 생각하라.
원망하고 탓하는 마음이 저절로 사라지리라.
마음이 게을러지거든 나보다 나은 사람을 생각하라.
저절로 분발하리라.

문제상황은 자신을 발전시킬 기회이다

인간으로 살아간다는 말은 곧, 수많은 문제들과 끊임없이 맞닥뜨린다는 의미이며, 사랑하고 웃고 울며 애써 시도하여 일어나고 넘어지고 다시 일어난다는 의미이기도 하다. 긍정적으로 생각하는 사람은 문제란 단지 배움의 기회일 뿐이라고 말한다.

생후 열 달 된 아기 눈에는 모든 것이 도전으로 비춰진다. 아기는 세상의 모든 것을 새로운 소음을 만들어내는 기회로, 물건을 집어드는 기회로, 멀리 내동댕이치는 기회로 삼는다. 아기들에게 있어 삶이란 매혹적인 발견의 여정이다.

당신이 맞닥뜨린 위대한 도전의 기회 가운데 몇 가지는 이미 당신이 태어난 지 몇 년 안에 겪었던 것들이다. 태어나 처음으로 걷고, 말하고, 뛰는 등의 그런 일들을 이미 무사히 극복했는데, 지금 와서 어려운 일이 닥친다고 해봐야 별 게 있겠는가!

그런데 그 용기 넘치던 어린 모험가는 자라면서 아주 작은 일조차 하기 어려운 일로 여기는 겁쟁이가 된다. 게다가 어떤 단계에 이르면 사람들은 대개 노력하지도 않으면서 자기 몫으로 주어지지 않은 데 불만을 품는다.

어렸을 때 당신이 가지고 있었던 모험 정신을 되찾아라. 그리고 문제를 통해 계속해서 자신을 발전시켜 나가라.

우리는 문제라고 여겨지는 것을 통해서 스스로를 발전시켜 갈 수 있다. 그리고 자신이 생각보다 꽤 적극적이고 많은 역량을 지닌 사람이라는 사실을 깨달을 것이다.

5 | 자신이 집중해야 할 대상을 구체적으로 정하라

고도의 집중력을 발휘하는 선수는 자신이 무엇에 주의를 기울여야 하는지 구체적으로 잘 알고 있다고 한다.

야구로 말하자면, 그저 막연히 공을 보고 집중하는 선수보다는 가령 공의 회전을 자세히 보는 것과 같이 주의해야 할 초점이 구체적인 타자일수록 고도의 집중력을 발휘한다는 것이다.

이 방법은, 집중하려고 하면 오히려 잡념이 생겨서 더 집중할 수 없다고 말하는 사람에게 권하고 싶다.

'집중하는 데만 연연하는' 사람들은 의외로 자기가 무엇에 주의해서 집중해야 하는지 구체적으로 알지 못하는 경우가 많다. 이들은 잡념을 떨쳐내려는 데만 급급해서, 오히려 주의가 산만해지고 집중력이 떨어지게 된다.

이런 사람들은 미리 '오늘은 ~에 주의를 해보자.' 라고 대상을 확실하게 정해야 한다. 한 가지 일에 몰두하면 쓸데없는 일은 생각하지 않기 때문에 쉽게 의식을 집중시킬 수 있다.

예를 들어, 사람들 앞에서 무언가를 설명할 때 갖가지 잡념이 생겨서 도무지 집중하지 못하는 사람이라면, '오늘은 큰 소리로 확실하게 말하자.' 라고 결심하고 그 한 가지 일에만 주의를 기울인다.

그러면 '내가 한 말을 이해했을까?' '과장은 어떻게 생각하고 있을까?' 와 같은 딴생각을 할 겨를이 없다.

게다가 듣고 있는 사람에게는 확실히 큰 소리로 말하기 때문에 소리가 잘 전달되어 평소보다 좋은 인상을 줄 수도 있을 것이다.

결정적인 순간에 정신을 집중시키기 위해서는 눈앞에 놓인 일에만 전념하는 것이 포인트다. '전에는 이 부분에서 실패했는데……' 라든가, '이번에도 실패하면, 앞으로 어떻게 될까?' 라며 과거나 미래의 일에 신경을 써서는 안 된다.

당신이 선행을 베풀어서
다른 사람이 도움을 받았다면 그것으로 충분하다.
그런데 당신은 왜 다른 것을 바라는가?
왜 바보처럼 선행의 대가로 칭찬이나 보상을 원하는가?

6 큰 무대에서는 모든 동작을 천천히 하라

집중력을 높이기 위해서는 모든 동작을 의도적으로 천천히 한다. — 이는 프로골프 세계에서 잭 니클라우스의 후계자라고 불리는 톰 왓슨(Tom Watson)이 한 말이다.

결정적인 순간에 집중하고 싶을 때, 보통은 시원시원하게 행동해야 할 것 같은데 왓슨은 그렇게 생각하지 않았다.

왜냐하면, 골프에서는 정신적인 압박감을 받게 되면 아무래도 경기가 조급해지기 때문이다.

왓슨에 의하면, 골프의 경우 대회 규모가 크면 클수록 몸을 짓누르는 압박감이나 스트레스가 상상을 초월한다고 한다. 그래서 왓슨은 경기 도중에 의도적으로 행동을 천천히 함으로써 압박감을 떨쳐버리고 경기에 집중하고자 했다고 한다.

이것은 골프에만 해당하는 것이 아니라, 흥분을 잘 하는 사람이나 성질이 급한 사람에게도 참고가 되는 방법이다.

예를 들어, 시험 문제를 풀 때 초조한 나머지 집중하지 못하는 사람은 우선 마음을 가라앉히고 자신의 이름을 천천히 써본다. 아무리 천천히 써도 10초 안팎이면 되니까 시간을 낭비하는 것도 아니다.

　괜히 시간 아깝다고 이름을 후다닥 쓴 다음에 나머지 시간도 '빨리 빨리' 하면서 계속 초조해하는 것보다는 마음이 훨씬 안정될 것이다. 고도의 집중력은 평상심을 유지할 때 발휘될 수 있는 것이다.

　그리고 늘 정신없이 바쁘게 다니면서 '시간이 없다'고 입버릇처럼 말하는 사람이나, 항상 무언가를 하지 않으면 불안하다는 사람도 결정적인 순간에는 의식적으로 천천히 행동을 해본다.

　'앗, 지금 내가 너무 조바심을 내고 있는 건 아닐까?'라고 생각하면서 의도적으로 느긋하게 행동하면, 자신을 객관적으로 바라볼 수 있는 여유가 생긴다. 결과적으로 평소보다 안정되게 집중력을 높일 수 있을 것이다.

　실제로 초조해하면서 시험 문제를 풀면 냉정하게 생각할 때보다 도리어 시간이 더 오래 걸리고 실수도 하게 되듯이, 공연히 초조해하며 안달해봤자 주의력이 떨어져서 생각만큼 집중하지 못하게 된다. 마음이 초조할 때는 먼저 초조해하는 자신을 냉정하게 인식하는 것이 우선이다.

자신은 할 수 없다고 생각하고 있는 동안은
사실은 그것을 하기 싫다고 다짐하고 있는 것이다,
그러므로 그것은 실행되지 않는 것이다,

7 | 복식호흡 습관을 들여라

　요가, 기공, 태극권, 좌선…… 이 모든 것의 기본이 되는 호흡법이 복식호흡이다.

　평소에 스트레스를 많이 받는다면, 교감신경이 우위에 있기 때문에 몸은 항상 긴장 상태가 되기 쉽다. 하지만 천천히 복식호흡을 하면, 부교감신경이 활발해지면서 긴장이 풀려서 몸의 균형을 원래대로 되돌릴 수 있다.

　더구나 복식호흡을 하면, 말초혈관이 확장하기 때문에 혈압이 낮아지고 심박수도 감소한다. 즉, 복식호흡은 자신의 정신 상태를 자유롭게 조절할 수 있는 호흡법이라고 할 수 있다.

　따라서 마음을 안정시키고 싶다거나 뭔가에 집중하고 싶을 때는 복식호흡을 하는 것이 좋다. 결정적인 순간에 발휘할 수 있는 집중력을 습득하기 위해서도, 우선은 복식호흡부터 완전히 배워야 한다.

　그 요령은 먼저 숨을 천천히 그리고 완전히 내쉰다. 심호흡도 그렇지만 호흡법이라고 하면 처음부터 숨을 들이쉬는 사람이 있는데, 이것은 잘못된 방법이다. 호흡법에서 가장 중요한 것은 숨을 얼마나 내쉬느냐이다. 그러니 일단 입에서 숨을 토해낸다는 생각으로 끝까지 내쉰다. 배가 쏙 들어갈 정도로 숨을 내쉬어 보자.

다음으로, 배에 손을 대고 부풀어 오르는 것을 의식하면서 코로 천천히 숨을 들이마신다. 이미 숨을 완전히 내쉬었기 때문에 숨은 저절로 들어갈 것이다.

또한 배가 부푸는 느낌을 감지하지 못하는 경우는, 익숙해질 때까지 위를 향해 편하게 누워서 숨을 쉬면 특별히 의식하지 않아도 복식호흡을 하게 될 것이다. 그래서 어느 순간 감이 오면, 의자에 앉아서 등줄기를 곧게 펴고 다시 한번 도전해 본다.

단, 몸에 힘은 주지 말 것. 지그시 눈을 감고 편안한 마음으로 천천히 호흡을 하는 것이 복식호흡의 요령이다. 그러면 마음이 안정되면서 손발이 점점 따뜻해질 것이다.

복식호흡은 생각날 때마다 가끔 하는 것이 아니라 지속적으로 하는 것이 중요하다.

정신 집중을 위해서뿐만 아니라 건강에도 좋다고 하니, 아예 습관적으로 복식호흡을 하는 것이 어떨까?

마음이 어둡고 산란할 때엔 가다듬을 줄 알아야 하고,
마음이 긴장하고 딱딱할 때엔 놓아버릴 줄 알아야 한다.
그렇지 못하면 어두운 마음을 고칠지라도
흔들리는 마음이 다시 병들기 쉽다.

정심조식법

정심조식법은 호흡법에 맞추어 '병이 나았다' 라든가 '일에 성공했다' 는 상념을 하고, 그 성공과 실현의 이미지를 마음속에 그려보는 것이다. 호흡법과 병행해 마음과 생각의 힘을 작동시킴으로써 우주에 가득 찬 무한력을 체내에 끌어모으고(호흡), 또 내보낸다(상념). 그럼으로써 실천하는 사람의 생각을 실현하고 소망을 달성시키는 '물리적 힘' 이 되는 것이다.

– 호흡할 때의 자세 : 상반신은 등줄기를 똑바로 펴고, 좌우로 기울지 않게 바르게 앉은 후 겨드랑이를 붙이고 팔꿈치는 직각이 되게 한다. 오른손을 위쪽으로 오게 하여 살짝 주먹을 쥐듯 깍지를 끼고 공 모양으로 만든다.

· 숨을 들이쉰다 : 코로 조용히 숨을 들이쉰다. 이랫배 '단전' 에 들숨을 밀어넣는다는 생각으로 천천히 그리고 충분히 빨아들인다.

· 숨을 멈추고 아랫배에 힘을 준다 : 폐 밑바닥까지 숨이 충분히 들어가게 되면 자연히 횡경막이 쑥 내려간다. 이때 단전에 힘을 모은 채 숨을 멈춘다. 숨을 멈추는 시간은 10초 이내가 적당하다.

· 숨을 토해낸다 : 코에서 조용히 숨을 토해낸다. 천천히 배의 힘을 빼면서 배를 들이밀어 충분히 숨을 토해낸다,

· 보통의 숨을 쉰다 : 보통의 호흡을 한 번만 행한다.
여기까지의 과정을 하루에 25회 되풀이한다.

· 조용히 보통 호흡을 한다 : 25회의 호흡이 끝나면 단전에 가볍게 힘을 준 채 조용하게 천천히 보통 호흡을 10회 한다. 이때는 긍정적인 생각을 하거나 무념무상의 경지에 빠져도 괜찮다.

– 마음 자세 : 모든 일을 긍정적, 적극적으로 생각한다. 감사의 마음을 잊지 않는다. 불평을 하지 않는다.

8 | 기분이 좋아지는 음악을 들어라

시드니 올림픽 개막 직전, 일본의 마라토너 다카하시 선수가 Hitomi의 'LOVE 2000'을 들으면서 기분을 고양시켰다는 일화는 유명하다.

라이벌 선수가 극도의 긴장감으로 신경이 날카로워져 있을 때, 다카하시 선수는 헤드폰을 귀에 꽂고 음악을 들으며 신나게 춤을 추었다. 그리고 결국 라이벌 선수를 잇달아 제치고 금메달을 획득했다.

"42km가 너무 즐거웠어요." 하던 그녀의 말은 아직도 기억에 생생하다.

우리나라 수영계의 간판 박태환 선수도 경기가 있을 때 늘 헤드폰을 쓰고 음악을 들으면서 입장하는 모습을 볼 수 있다.

위의 예에서도 알 수 있듯이, 기분을 고양시키고 싶을 때나 의욕을 내고 싶을 때, 혹은 마음을 가라앉히고 싶을 때는 좋아하는 음악을 듣는 것도 괜찮다. 힘이 나는 명쾌한 곡을 들으면, 마음이 가벼워지고 과도한 긴장감을 없앨 수 있다. 게다가 특정한 음악을 미리 반복해서 들으면서 긍정적인 생각을 머릿속에 심어놓으면 더 큰 효과를 기대할 수 있다고 한다.

특히 기분을 고양시키는 음악과 낙관적인 생각을 머릿속에서 연관지으면서 경기나 시험에서 좋은 성적을 거두는 모습을 계속 상상하며 이미지트레이닝을 하면 좋다.

이것은 결정적인 순간에 집중해야 할 때 특히 효과적일 것이다. 특정 음악과 승리의 이미지가 결합되면, 그 음악을 듣는 것만으로도 마치 조건반사처럼 이겼다는 기분을 불러일으킬 수 있다.

그러려면 이 이미지트레이닝은 결전의 날로부터 한 달 정도 전부터 실시하는 것이 좋다.

일단은 무엇이든 좋으니까 기분이 고양되는 곡을 한 곡 골라서 하루에 세 번 정도 듣는 습관을 들인다. 그리고 곡을 들으면서 자신이 승리한 모습을 몇 번이고 상상하는 것이다.

주의할 점은 이 준비 기간 동안에는 가능한한 다른 곡을 듣지 말 것. 특정 음악과 이미지를 결합하는 동안은 한 곡만 사용하는 것이 마음속에 그 곡이 차지하는 비율이 커지기 때문에 더 효과적이다.

이것으로 준비는 되었다. 이제 중요한 상담을 마무리짓고 싶을 때나 자격 시험에 반드시 합격하고 싶을 때와 같은 결전의 날에 준비된 곡을 들으면 된다. 그러면 결전에 앞서 느끼는 불안이나 잡념이 말끔히 사라지고, 자신감과 의욕이 넘치며 집중력도 한층 상승할 것이다.

집중력을 높여주는 음악

음악을 들으면 집중력이 높아진다. 물론 모든 음악이 다 그렇지는 않다. 연구 결과, 음악 중에서도 특히 우리 호흡과 잘 맞는 모짜르트와 바흐의 음악은 집중력을 높여주고 마음을 안정시켜 주는 효과가 큰 것으로 밝혀졌다.

태교음악으로 모짜르트의 곡을 들려주면 지능지수가 높아진다고 한다. 실제 모짜르트 음악은 안정되고 정교하며 패턴화되어 있어 수학적 능력과 공간적 능력의 발달에 도움이 되며, 두뇌 활동이 활발해진다.

바흐 음악과 같은 바로크시대의 음악은 심장 박동과 가장 비슷한 음악이라 태교와 정서 교육에 좋으며 특히 수학적 능력 향상에 도움을 준다. 바흐와 모짜르트 음악을 들려준 후 수리력과 창의력 테스트를 한 결과 두 음악 모두 높은 점수가 나왔다.

음악 교육을 받은 학생들의 읽기 능력이 높다는 보고도 있다. 아이들은 언어를 배울 때 먼저 글자 모양의 차이를 눈으로 배우고, 보이는 단어의 차이와 소리의 변화를 배우고, 마지막으로 이 두 단계 없이 바로 보고 배우게 된다고 한다. 음악 교육은 이 두 번째 단계, 즉 소리의 변화에 익숙하게 하고 그 차이를 쉽게 인식시켜 읽기 능력을 높이는 것이다.

또 음악을 듣고 자라면 창의력이 높아진다. 바흐는 성당 건물에 들어서서 어느 각도로 어떻게 말하면 반대쪽 벽을 향해 서 있는 사람이 제대로 들을 수 있는지를 계산하지 않고도 알아낼 정도로 공간 지각력과 수리력, 창의력이 뛰어났다고 한다.

음악을 듣고 자란 아이들은 밝은 성격을 갖게 된다. 성격이 밝은 아이들은 몸도 정신도 건강한 아이로 자랄 수 있다. 음악은 귀로 먹는 음식이다.

집중력 강화를 위한 일상 속의 11가지 비결

1. 자투리시간을 활용하여 집중력을 길러라

2. 일을 빨리 끝낼 방법을 생각하라

3. 제한시간을 설정하라

4. 두 가지 일을 동시에 하라

5. 항상 실전이라 생각하고 작업에 임하라

6. 무엇이든 깊이 빠져들 수 있는 취미를 가져라

7. 책이나 영화를 볼 때는 누군가에게 얘기해줄 생각으로 보라

8. 다른 사람의 말을 차분히 듣는 습관을 길러라

9. 메모에 너무 의존하지 않도록 최소한으로 하라

10. 평소에 자연을 잘 관찰하라

11. '잔상 집중법'을 활용하라

집중력
강화를 위한
일상 속의
11가지 비결

1 자투리시간을 활용하여 집중력을 길러라

작가 시이나 마코토 씨는 가방 속에 항상 원고지를 가지고 다니며 이동 중에도 글을 썼다고 한다.

아주 바쁜 사람들은 이렇게 조금만 비는 시간이 생겨도 일을 한다. TV에 자주 출연하는 평론가가 잡지에도 글을 몇 개씩 연재한다면, 대체 언제 원고를 쓰는지 궁금할 것이다. 그들은 대개 차 안이나 출연 순서를 기다리는 동안 같은 자투리시간을 활용해 원고를 쓴다. 그리고 그런 습관이야말로 집중력의 원천이 된다고 입을 모아 말한다.

예를 들어, 작업 시간이 3시간이나 4시간 정도 있으면 자기도 모르게 마음이 느슨해지지만, 겨우 10분이나 20분이라면 어떨까? 시간이 짧기 때문에 대부분의 사람이 싫증을 낼 틈도 없이 작업에 집중하게 될 것이다.

그러므로 집중력을 향상시키기 위해서는 먼저 자투리시간에 일을 하는 버릇을 들여보자.

예를 들어, 기다리는 시간을 이용하라. 전철이나 버스에서 목적지에 도착할 때까지의 시간, 회사에 도착해서 업무를 시작할 때까지의 시간, 은행이나 우체국에서 순서를 기다리는 시간, 식당에서 음식이 나올 때까지의 시간 등 일상생활에서는 기다리는 시간이 제법 많다.

옛 말에 '티끌 모아 태산'이라는 말이 있다. 지금까지 아무 것도 하지 않던 시간에 집중해서 일을 한다면, 짧은 시간이라도 얼마든지 일을 처리할 수 있다.

거기에 익숙해지면, 작은 일이라도 좋으니까 자투리시간에 무엇을 할 것인지 목표를 명확히 세워놓는다.

예를 들어 '출근하는 전철 안에서 기획안에 들어갈 아이디어를 하나 생각한다.' '은행에서 기다리는 동안에 영어 단어를 세 개 외운다.' '버스 안에서는 영어회화 테이프를 10분 듣는다.' 등등 무엇이든 상관없다. 시간에 제한이 있기 때문에 느긋하게 생각하기보다는 좋은 아이디어를 떠올리거나 단어를 재빨리 외울 때 이용한다.

이렇게 짧은 시간에 집중할 수 있게 되면, 그것으로 충분하다. 머지않아 이때다 싶은 중요한 순간에 고도의 집중력을 발휘할 수 있을 테니까 말이다.

당신에게 허락된 시간이 한정되어 있음을 기억하라.
시간을 지혜를 기르는 데 사용하지 않으면,
시간도 지나가 버리고 당신도 사라져 버려
다시는 되돌릴 수 없다.

시간을 소중히 여기고 아끼기 위한 방법

시간 관리를 잘 하기 위해서는 먼저 자신이 시간을 소중히 여기고 있는지 돌아보아야 한다. 시간을 소중히 여기지 않고서는 제대로 관리할 수 없기 때문이다. 5분이라는 시간은 짧지만 5분 동안 할 수 있는 일을 찾아보면 꽤 많다. 한 어학 전문가는 하루 5분이라도 매일 투자한다면 3년 내에 한 가지 언어를 배울 수 있다고 한다.

– 아침에 일어나면 '오늘이 내 생애의 마지막날' 이라고 생각해본다.

– 한 시간을 15분 단위로 나누어 시간 계획을 짠다.

– 모든 일에 데드라인을 정한다. 긴장감과 시간의식이 높아질 것이다.

– 돈을 잃었을 때와 마찬가지 심정으로 시간 낭비를 안타까워한다.

– 인생은 생각보다 빠르게 지나간다는 사실을 늘 명심한다.

– 달성하기 조금 힘든 과제를 정하여 기간 안에 이루도록 도전한다.

– 잠자기 전에 반드시 하루를 되돌아보며 다음 세 가지 질문을 한다.

　· 오늘의 목표를 잘 달성했는가?

　· 기분 좋고 행복한 하루였는가?

　· 매 순간마다 시간의 가치를 인식하며 행동했는가?

– 돈으로 시간을 살 수 있다면 기꺼이 그렇게 한다.

　가령, 경우에 따라서 기차보다는 비행기를 이용할 수 있다.

– '3분, 5분' 과 같은 자투리시간들도 소중히 여기는 습관을 기른다.

2 일을 빨리 끝낼 방법을 생각하라

  예전에 일본물리학회 회장을 지냈던 게이오대학 이공학부의 고메자와 도미코 교수는 한 잡지와의 인터뷰에서, 일과 가사를 동시에 해야 했기 때문에 집중력을 발휘할 수 있었다고 고백했다.

  고메자와 교수는 육아 기간 중 짧은 시간 내에 연구 결과를 내야 했다. 즉, 아이를 키우지 않는 남성 연구자가 두 시간 걸려서 연구하는 것을 고메자와 씨는 한 시간에 끝내야 했다. 그 결과, 늘 시간에 쫓기게 되면서 특별히 의식하지 않아도 집중력이 저절로 생겼다고 한다. 시간이 부족한 악조건을 최대한 이용했던 것이다.

  프로 테니스 선수 히라키 리카 씨도 다른 인터뷰에서 똑같은 말을 했다. 프랑스 오픈 혼합복식에서 일본인으로서는 최초로 우승을 거머쥔 그녀는, 직업이 테니스인 다른 선수들과 달리 NTT 관동지사에 근무하는 이색 경력의 소유자였다. 그런 그녀가 제한된 시간 안에 업무를 마치기 위해서는 일을 얼마나 빨리 끝내느냐가 관건이었다고 했다.

  먼저 그날 하루에 해야 할 일을 자기 나름대로 계산한다. 그리고 그날의 작업량을 얼마나 빨리 끝내는지 신기록에 도전한다는 자세로 열심히 했다고 한다.

아무래도 작업 시간이 짧아지면, 자연히 집중력이 생긴다. '어떻게 하면 빨리 끝낼 수 있을까?' '작업 시간을 낭비하는 건 아닐까?' 라는 생각으로 머리를 풀가동시키기 때문에 신경이 예민해져서 집중력이 더 좋아지는 것이다.

실제로 해보면 의외로 일이 빨리 끝나서, 최소한 한 시간은 걸릴 거라고 생각했던 것이 착각이었음을 알 수 있을 것이다. 히라키 선수는 게임을 한다는 심정으로 하루치 업무량을 정하여 시간을 구분함으로써 집중력을 높였던 것이다.

그러니 우선은 '시간이 부족하다'는 생각을 버리자. 그리고 어떤 일이든 지금까지 해왔던 시간의 절반에 끝내도록 노력해 본다.

어떤 스포츠라도 정신적 압박이 없으면 새로운 기록을 세우지 못한다. 마찬가지로 집중력을 기르기 위해서도 정신적인 압박이 필요하다.

인생은 짧다,
이성을 따르고 정의를 행하면서
스쳐가는 시간을 낭비하지 말라,
긴장을 풀되 지나치게 느슨해지지는 말라,

3 제한시간을 설정하라

『죄와 벌』『카라마조프가의 형제들』등의 작품으로 널리 알려진 작가 도스토예프스키는 자신의 작품이 전부 마감시간에 쫓겨서 탄생한 것이었다고 뒤늦게 고백했다.

어쨌든 러시아의 대문호도 무서운 편집자의 얼굴을 떠올리면서 막판에 고도의 집중력을 발휘하여 그 수많은 명작을 탄생시킨 모양이다.

이와 같이 다급해지면 인간은 응축된 집중력을 발휘할 수 있다.

마찬가지로 시간에 쫓기는 상황 속에서 경이적인 집중력을 발휘한 인물을 예로 들자면, 기무라 요시오 명인을 들 수 있다.

기무라 명인은 생전에, '1분 장기'의 명인이라고 불렸다. 프로기사의 대국은 대개 5시간에서 8시간 정도의 제한시간이 주어지는데, 그 시간을 다 쓴다면 한 수를 둘 때 1분 정도 걸린다(一手一分). 그런데 기무라 명인은 거의 의도적으로 제한시간을 다 써버려 스스로 1분 장기라는 상황으로 몰고 갔던 것이다.

이러면, 언뜻 보기에 대국 상대에게 유리한 상황을 만들어주는 것

같지만 결과는 정반대다. 대국 상대는 기무라 명인의 예사롭지 않은 기백에 압도되었다고 한다. 즉, 기무라 명인은 스스로를 1분 장기로 몰아넣음으로써 초인적인 집중력을 발휘하였고, 그 박력으로 상대를 압도했던 것이다.

이는 방법을 조금 달리하면, 일이나 공부를 할 때도 응용할 수 있다. 물론, 기무라 명인처럼 정말로 마지막 순간까지 느긋하게 기다렸다가 만의 하나 실패하기라도 하면 이만저만 낭패가 아니다. 따라서 기한은 임의로 정하는 것이 좋다.

예를 들어, 30분에서 1시간 후에 타이머가 울리도록 맞춰 놓고 그 시간을 제한시간으로 생각하고 일이나 공부를 하는 것도 하나의 방법이다. 그때 보이지 않는 곳에 시계를 놓아두고 시간이 얼마 남았는지 모르게 하는 것이 더 효과적이다. 곁에 시계가 있으면, 시간이 다가올수록 자꾸 시계를 보게 되어 오히려 집중력이 저하될 가능성이 있기 때문이다.

하지만 시계를 숨겨두면, 타이머가 언제 울릴지 모르기 때문에 시계가 울릴 때까지 시간과 접전을 벌일 수 있다. 긴장감이 더욱 더 고조되면서 고도의 집중력을 발휘할 수 있을 것이다.

이와 같이 일상적인 업무에 긴장감을 불러일으키는 것도 집중력을 향상시키는 비결이라고 할 수 있다.

4 두 가지 일을 동시에 하라

한 평론가는 두 개 혹은 그 이상의 일을 동시에 하는 '특기'를 갖고 있다.

예를 들어, 영자신문을 읽으면서 강연회 계획을 세우거나, 다른 사람과 대화를 나누면서 원고를 수정하는 등 복잡한 작업을 동시에 하는 것이다. 또한 책도 한 권씩 읽는 것이 아니라 항상 몇 권의 책을 같이 읽는다고 한다. 더구나 이들 작업을 전부 고도의 집중력을 골고루 발휘해서 한다니 더욱 놀라울 뿐이다.

보통 사람들은 대개 그렇게까지 할 수 없다. 결국 영자신문을 읽을 때는 거기에 매달리기 마련이고, 원고를 수정하는 일도 다른 일을 하면서 쉽게 생각할 수 있는 일이 아니다.

하지만 두 가지 일을 동시에 하는 것은 집중력을 높이기에 더없이 좋은 훈련이다.

A와 B라는 종류가 다른 일을 동시에 하려면, A에서 B, B에서 A로 의식을 쉴새없이 이동시켜야 한다. 앞에서 자투리시간에 한 가지 일에 집중하는 방법을 소개했는데, A와 B 두 가지 일을 동시에 한다는

것은 극단적으로 짧은 자투리시간을 이용하여 A와 B 두 가지 일을 번갈아서 해야 한다는 뜻이다.

당연히 머리는 풀가동하게 되고, 긴장감이 절로 생긴다. 따지고 보면 집중력을 기르는 데 이만큼 좋은 훈련도 없을 것이다.

물론 처음부터 어려운 일을 동시에 하려고 하면, 두 마리 토끼를 쫓다가 두 마리 다 놓치는 수가 있다.

또한 이것은 두 가지 일을 동시에 하려는 것이 목적이 아니라, 어디까지나 집중력을 기르기 위한 것이다. 그러므로 정신을 바짝 차리고 싶을 때나 의욕을 끌어내고 싶을 때와 같이 결정적인 순간에 시험해보는 것이 좋을 것 같다.

예를 들어, 회의에 참가할 때 다른 사람의 발언을 듣는 것뿐만 아니라 들으면서 다음 기획을 생각해보는 것도 좋다. 그러면, 회의를 소홀히 할 수는 없기 때문에 상당한 주의력을 필요로 할 것이다. 만약 회의 중에 주의가 산만해져서 집중력이 떨어질 것 같으면, 그럴 때 한 번 시험해보기 바란다.

인간은 어떤 의견을 옳다고 단정하면
모든 상황을 그 의견에 맞추어
그 의견이 정당하다는 것을 주장하기에 편리하도록
끌어모은다.

5 항상 실전이라 생각하고 작업에 임하라

세계적인 피아니스트 블라디미르 아쉬케나지(Vladimir Ashkenazy)는 놀라운 집중력의 소유자로 잘 알려져 있다.

예를 들어, 그의 집중력은 연주회에서뿐만 아니라 녹음을 하는 순간에도 발휘된다. 아쉬케나지는 다른 피아니스트와 달리 녹음의 대부분을 단 한 번에 끝낸다고 한다.

보통은 같은 곡을 몇 번씩 연주하여 제일 잘 된 것을 고르거나, 잘한 부분만 따서 편집하는 것이 보통이지만, 아쉬케나지는 최고의 연주를 한 번에 해내는 것이 그의 신념이라는 것이다.

참으로 놀랄만한 집중력이 아닐 수 없지만, 이것은 재능과 더불어 끊임없는 훈련의 결과이기도 하다. 아쉬케나지는 연습 때마다 늘 실제 콘서트라고 생각하면서 연주를 했다고 한다. 평상시부터 봐주는 것 없이 실제 무대라고 생각하며 깊이 있는 연주를 했기 때문에 어떤 순간에나 고도의 집중력을 발휘할 수 있었던 것이다.

프로 테니스 선수인 히라키 리카도 똑같은 말을 했다.

히라키 선수도 연습할 때 느긋하게 질질 끌면서 하는 것이 아니라,

한 시간이면 한 시간, 두 시간이면 두 시간이라고 미리 정해놓고 진짜 시합이라고 생각하면서 연습한다고 한다. 그러면, 진짜 시합을 할 때도 연습과 차이를 느끼지 않을 것이다. 그리고 집중력도 높아지기 때문에 단시간에 알찬 연습을 할 수 있는 것이다.

또한 히라키 선수는, 연습할 작정으로 임하느냐, 시합을 한다는 각오로 임하느냐에 따라 마음자세가 달라진다고 말한다.

역시 시합을 한다는 각오로 연습하면, 의지도 열정도 더욱더 생길 것이다. 수험생이 모의고사를 볼 때 시간을 정해서 진짜 시험처럼 생각하고 푸는 것과 마찬가지이다. 연습을 진짜처럼 하는 것은 집중력을 높이는 훌륭한 방법이라고 할 수 있다.

일을 할 때 집중력이 떨어져서 의욕이 나지 않는다는 사람을 보면, 긴장감도 풀려 있는 경우가 많다. 그럴 때는 뭔가 머리에 활력을 불어넣을 만한 생각을 해보면 어떨까?

예를 들어, 상사로부터 프레젠테이션 초고를 쓰라는 지시를 받았다고 하자. 그때 '어차피 내 프레젠테이션도 아닌데 뭐.' 라고 생각하면, 의욕이나 질이 떨어지는 것은 당연하다. 하지만 '내일 내가 프레젠테이션 하는 거야.' 라고 생각하면, 돌연 집중력도 생길 것이다. 그 결과 작성한 초고의 내용이 좋으면 다음에는 좀더 중요한 일을 맡길 가능성도 있다. 이것도 '실제라고 생각하고 해보는 것' 과 같은 효과이다.

행동은 두려움을 치유한다

우리가 흔히 하는 말 중에서 가장 슬픈 것은 '~할 수도 있었는데…' 라는 말이라고 한다. 우리는 살아가면서 자주 이렇게 말한다.

'내가 그때 사업을 시작했더라면 지금쯤 돈방석에 올라앉아 있을 텐데….'

'내 예감이 맞았어. 아, 나도 그때 그것을 해보는 건데.'

실행에 옮겨지지 않은 좋은 아이디어는 무시무시한 심리적 고통을 낳는다. 반면, 실행에 옮겨진 좋은 아이디어는 엄청난 정신적 만족을 가져다준다. 그것이 성공적이었건 그다지 성공적이지 않았던 간에 말이다.

자신에게 좋은 아이디어가 있는가?

그렇다면 그것을 실행에 옮겨보라. 실행을 통해 두려움을 치료하고 자신감을 얻어라. 행동은 자신감을 키우고 강화시키지만, 행동하지 않는 것은 온갖 종류의 두려움을 키울 뿐이다.

두려움을 물리치고 싶다면 행동하라. 두려움을 키우고 싶다면 기다리고 유보하고 연기하라.

무엇인가를 해야 하는데 두려움이 엄습할 때, 이를 진정시키는 방법에는 여러 가지가 있다. 우리는 두려움을 몰아내기 위해 운동을 하거나, 커피를 마시거나, 안정제를 먹기도 한다. 하지만 가장 확실한 두려움 퇴치 방법은 다름아닌 해야 할 일을 그냥 해버리는 것이다.

6 무엇이든 깊이 빠져들 수 있는 취미를 가져라

　미국의 '철강왕'이라 불리며 '카네기 홀'의 설립자로도 유명한 앤드류 카네기는 무슨 일을 하든 항상 그 안에서 최고가 되기를 바랐다고 한다.

　젊은 시절에 카네기는 전보 배달원으로 일했는데, 거기서도 그의 목표는 미국 제일의 전보 배달원이 되는 것이었다. 그는 담당 구역의 지리를 완전히 익히고 신속한 배달을 한 끝에 회사에서 그 능력을 인정받게 되었다. 여기서도 '무슨 일을 하든 최고가 되자'라는 카네기의 의욕이 그의 인생을 성공으로 이끈 셈이다.

　이런 카네기의 자세는 집중력을 향상시킨다는 점에서도 보고 배울 점이 많다. 왜냐하면, 아무리 사소한 일이라도 최고를 목표로 노력하다 보면 차츰 거기에 몰입하게 되고, 더 나아가서는 집중력이 좋아지기 때문이다. 아니, '최고가 목표'라고 애써 노력할 필요는 없다. 무슨 일이든 자신이 빠져들 만한 것을 찾아서 거기에 철저히 빠져보면 실력 향상은 저절로 따라오게 되어 있다.

　'나는 이 분야에 관해서는 누구에게도 지지 않아.'라고 생각하면,

어느새 그 세계에 빠져들어 정말로 그 분야에 정통하게 된다. 그러면 점점 더 즐거워지고, 더욱 깊이 빠져들게 되는 것이다.

이렇게 되면, 특별히 집중하려고 애쓰지 않아도 당신의 집중력은 이미 충분히 향상되어 있을 것이다.

뭔가에 빠져들어서 습득한 집중력은 다른 분야에서도 통할 수 있다. 한 번이라도 온전히 집중을 해봤다면, 중요한 순간에 집중력을 발휘하기가 수월하다.

그러니 자신이 몰입할 수 있는 것이면 무엇이든 상관없다. 카네기처럼 직장에서 '최고'가 되는 것도 좋고, 취미생활에서 '최고'가 되는 것도 좋다. 어쨌든 뭔가에 몰두한다는 것은 집중력을 향상시키는 지름길인 것이다.

실제로, 비즈니스에서 성공하는 사람일수록 깊이 빠져든 취미가 있다고 한다. 이것은 취미로 단련된 집중력이 일을 할 때도 발휘된다는 결정적 증거일 것이다.

따라서 특별한 취미가 없거나, 휴일마다 할 일이 없어 시간이 남아도는 사람은 뭔가 열중할 만한 일을 찾아본다. 나를 잊게 해줄 정도의 취미는 아마도 여러 가지 면에서 당신에게 도움이 될 것이다.

> 책은
> 인생이라는 험한 바다를 항해하는 데 도움이 되도록
> 남들이 마련해준 나침반이요, 망원경이요, 지도이다.

7

책이나 영화를 볼 때는
누군가에게 얘기해줄 생각으로 보라

영화 평론가 요도가와 나가하루 씨 가족은 부모를 비롯해서 모두 영화광이었다고 한다. 그런 가정에서 자란 요도가와 씨는 어린 시절, 영화를 보지 못한 가족에게 그 줄거리를 기억해서 말해주는 것이 일이었다고 한다.

당시는 지금과 달리 비디오나 DVD 등이 없었기 때문에 영화는 영화관에서 봐야만 했다. 영화관에 가지 못한 가족은 그 작품을 볼 기회가 영영 없었던 것이다.

따라서 영화를 보지 못한 가족에게 영화의 내용을 보다 생생하게 전하고 싶었던 어린 시절의 요도가와 씨에게 있어 영화는 분명히 일생에 단 한 번뿐인 소중한 만남이었다.

당시의 요도가와 씨는 아마도 똑같이 부모 손에 이끌려 영화관에 갔던 다른 어떤 아이들보다 더 열심히 화면을 봤을 것이다. 그렇게 작은 부분까지 놓치지 않으려고 스크린이 뚫어져라 쳐다보는 동안에 그는 어느새 영화에 푹 빠지게 되었다고 한다.

그저 좋아하기만 한 것이 아니라 '가족에게 얘기해 줘야 한다'는 강한 사명감이 지금의 그를 있게 만들었을 것이다.

　이 일화에는 집중력을 향상시키는 비결이 들어 있다. 예를 들어, 책을 읽을 때는 '다 읽고 나면, 누군가에게 책 내용을 설명해 주자.'라고 생각하면서 읽는다. 그러면 이야기의 주제나 내용을 확실하게 파악해야 하기 때문에, 무턱대고 읽을 때보다 여러 가지 면에서 주의를 기울이게 될 것이다. 이것이 집중력 향상으로 이어진다.

　그 외에도 TV에서 야구 중계를 볼 때, 몇 회에 누가 안타를 치고 누가 수비를 했는지 해설자처럼 설명할 수 있을 정도로 열심히 보는 것도 좋다. 이런 방식이라면, 즐기는 과정에서 집중력을 습득할 수 있을 것이다.

　이렇듯 제3자를 의식하는 훈련은 이 밖에도 일상생활에서 얼마든지 찾을 수 있다.

독서를 통해 사고의 영역을 넓혀라

"독서는 충실한 인간을 만들고, 대화는 재치있는 인간을 만들며, 집필은 치밀한 인간을 만든다."고 베이컨은 말했다.

음식물이 혈관을 순환하는 혈액의 양식이듯이, 독서는 마음의 양식이다. 독서에 열중하지 않는 사람은 훌륭한 정신활동을 할 수 없다. 독서를 하지 않고 베이컨이 말하는 '충실한 인간'이 되려고 하는 것은 신선한 음식을 섭취하지 않고 건강하고 정력적이기를 바라는 것과 같다.

8 | 다른 사람의 말을 차분히 듣는 습관을 길러라

카운슬러들은 대개 상대방의 입장에 서서 그의 주장을 철저하게 듣는 것부터 시작한다고 한다. 즉, 상대방이 무엇을 말해도 부정하지 않고, 상대방과 같은 감정으로 화내거나 슬퍼한다는 것이다.

그러면 상대방은 카운슬러를 신뢰하고 마음을 열기 시작한다. 그리고 자신의 생각을 솔직하게 털어놓게 된다. 따라서 카운슬러는 자기 자신을 몰입시킬 정도로 철저하게 상대방의 말에 귀를 기울인다.

이만큼 다른 사람의 이야기를 차분히 듣는 직업은 아마 없을 것이다. 카운슬러는 다른 사람의 말을 듣는 데 있어서 프로 중의 프로라고 할 수 있다.

그런 카운슬러에게 필요한 것이 바로 뛰어난 집중력이다.

실제로 어지간한 집중력이 없으면, 오랜 시간 다른 사람의 이야기를 듣는 것은 불가능하다. 일방적으로 듣고만 있으면 시간이 지날수록 집중력이 떨어지고, 어느새 상대방의 말을 건성으로 듣게 되는 것이 보통이다.

하지만 카운슬러는 고도의 집중력을 가지고 상대방의 말을 들어

준다. 물론 그들이라고 해서 태어날 때부터 다른 사람의 이야기를 듣는 능력이 뛰어났던 것이 아니라, 매일의 훈련을 통해 그와 같은 능력을 습득하게 된 것이다.

이것도 집중력 향상을 위한 하나의 비결이라고 할 수 있다.

상대방의 말을 가만히 듣는 습관을 기르면, 듣는 능력과 더불어 상대방의 말에 집중하는 능력도 생기게 된다. 카운슬러가 되겠다는 생각으로 차분히 상대방의 말을 듣는 것 또한 집중력을 기르는 비결인 것이다. 그리고 익숙해지면, 집중력을 습득한 덕분에 듣는 능력이 더 향상되어 집중력이 한층 높아지는 상승 효과를 볼 수도 있다.

더구나 이것이 습관화되면, 집중력을 향상시킬 뿐만 아니라 대인 관계도 자연히 좋아질 것이다. 대개 사람은 자신의 이야기를 열심히 들어주는 사람에게 마음을 열기 때문이다.

그러므로 때로는 상대방의 말을 온전히 들어주는 것도 나쁘지 않다. 분명 일석이조의 멋진 효과를 볼 수 있을 것이다.

말을 많이 하면 필요없는 말이 나온다.
두 귀로 많이 듣고,
입은 세 번 생각하고 열어라.

대화할 때 듣기의 자세

모든 대인관계는 대화로 시작한다. 그러나 보통 대화를 하면 남의 이야기를 듣기보다는 자신의 이야기를 하는 데 주력한다. 그러니 대화가 될 리 없다. 따라서 효과적인 대화를 하려면 우선 잘 들어주는, 즉 경청하는 자세가 가장 중요하다. 상대의 이야기를 잘 들어주는 사람은 주변으로부터 신뢰를 받는다. 뿐만 아니라, 말은 1분 동안에 125단어를 이야기할 수 있는 반면 500단어를 들을 수 있다고 하니 듣는 것이 훨씬 효과적이지 않은가. 남의 이야기를 듣는 자세로는 다음의 다섯 가지가 있다.

－ 첫째, '무시하기'

이는 가정에서 아버지들이 자주 취하는 듣기 자세로서, 아이들이 호기심을 갖고 말을 걸면서 무엇인가 물어보면 대체로 무시하고 듣지 않는다. 남이 이야기하는 것을 전혀 듣지 않는 것이다.

－ 둘째, '듣는 척하기'

상대방을 인정하고 마치 듣는 것처럼 행동하는 것인데, 상대가 말하는 내용 중 10% 정도를 듣는다. 부부간의 대화에서 남편이 종종 취하는 자세이다. 부인이 수다를 떨며 대화를 건네면 마치 듣는 것처럼 행동하지만 거의 안 듣는다. 이는 조직에서도 흔히 볼 수 있는 모습이다.

－ 셋째, '선택적 듣기'

이는 상사가 부하의 말을 들을 때 취하는 자세로, 어떤 것은 듣고 어떤 것은 안 듣는 자세다. 민주적 리더십보다는 전제적인 리더십을 발휘하는 사람일수록 이런 경향이 강하다. 상대가 말하는 내용 중 30% 정도를 듣는 셈이다. 조직의 CEO에게 브리핑을 할 때 CEO가 취하는 모습에서 볼 수 있는 자세다.

– 넷째, '적극적 듣기'

이는 흔히 말하는 'Active Listening'으로 그나마 바람직한 자세라 할 수 있다. 상대가 말을 하면 손짓발짓 해가며 맞장구를 쳐주고 적극적으로 들어주는 자세다. 그러나 남의 이야기를 주의깊게 듣지만 귀로만 듣기 때문에 상대가 말한 내용 중 70% 정도밖에 듣지 못한다고 한다. 마음으로는 듣지 않는 단계이다.

– 다섯째, '공감적 듣기'

귀와 눈 그리고 온 가슴으로 듣는 단계이다. 가장 바람직한 자세로 상대의 말을 거의 90% 이상 듣는다. 연애할 때를 생각해보라. 이때는 상대가 말하는 내용을 그야말로 자신의 이야기처럼 마음을 활짝 열고 듣는다.

'말을 배우는 데는 2년이 걸리지만, 침묵을 배우는 데는 60년이 걸린다.'는 말이 있다. 상대가 누구든 간에 대화에서 가장 중요한 것은 유창한 '말하기 선수' 보다 '듣기 선수' 가 되는 것이다.

듣는 데 방해가 되는 태도

– 상대방의 얼굴을 보지 않고 딴 곳만 보는 태도
– 이야기를 들으면서 시계를 자꾸 들여다보거나 딴짓을 하는 태도
– 이야기하는 도중에 상대의 말을 중간에 끊으려 하는 태도
– 상대방을 대신해서 이야기의 결론을 내리려는 태도

9 메모에 너무 의존하지 않도록 최소한으로 하라

일류 저널리스트들은 메모를 할 때 최소한으로 적는다고 한다.

왜냐하면, 상대방이 말하는 것을 일일이 메모하다 보면, 메모를 하는 데 정신이 팔려서 정작 들어야 할 상대방 말을 놓치는 경우가 있기 때문이다. 이러면 메모를 하는 의미가 없다.

또한 메모에 너무 의지하면, '메모를 하니까 괜찮아.' 라고 안심해서 자칫 건성으로 들을 수도 있다. 즉, 메모는 필요하지만 거기에 너무 열중하다 보면 집중력이 떨어지게 된다. 결국 상대방이 하는 말에 집중하고 싶다면, 메모는 최소한도로 억제하는 편이 좋다.

또한 아무리 좋은 생각이라도 일일이 노트에 남길 수는 없으므로, 조금이라도 많은 정보를 기억해두고 싶어 저절로 상대방이 하는 말에 귀를 기울이게 된다. 메모에 의존하지 않는 것이 긴장감을 만들고, 집중력을 지속시키는 것이다.

구체적으로 설명하자면, 상대방이 하는 말을 들으면서 키워드를 중심으로 메모해 놓는다. 그러면 간단하면서도 빠르게 메모할 수 있을 뿐만 아니라, '지금 듣고 있는 이야기의 주제는 무엇일까?' 라고 머리를 써야 하기 때문에 더 깊이 집중해서 들을 수 있다.

이렇게 하면 핵심만 적힌 메모가 남기 때문에 나중에 보기 쉽다는 이점도 있다. 간단한 대신에 중요한 키워드는 남아 있어서 나중에 들은 내용을 복원할 때도 편리하다.

또한 문장으로 쓸 필요는 없으므로 날짜, 고유명사, 숫자 등도 빼먹지 말고 명기해 놓는 것이 좋다.

우선 날짜를 적어 놓으면, 나중에 메모를 다시 볼 때 그때의 기억이 되살아날 것이다.

인명이나 회사명 등의 고유명사는 나중에 컴퓨터로 검색할 때 편리하다. 가능하면 그 자리에서 정확하게 적어두는 것이 좋을 것이다.

그리고 숫자는 메모가 없으면 여간해서는 정확히 기억하기 어렵기 때문에 잊지 말고 적어둘 것. 그때는 '~명' '~원' 등의 단위도 적어놓자. 단위가 없으면, 나중에 무슨 숫자인지 헷갈릴 수도 있다.

처음에는 정보량이 너무 많든 적든, 최소한의 메모를 한다는 것이 어려울 것이다. 하지만 익숙해져서 핵심만 압축해서 적을 수 있게 되면, 고도의 집중력을 유지하면서 먼 훗날 요긴하게 사용할 만한 메모가 만들어질 것이다.

약자는 기회를 기다린다.
그러나 강자는 기회를 만든다.

메모를 잘 하는 방법

1. 언제 어디서든 메모하라.

  – 목욕할 때, 산책할 때, 잠들기 전 등 언제 어디서든 메모한다.

  – 늘 지니고 다니는 것, 늘 보이는 곳에 메모한다.

2. 주위 사람들을 관찰하라.

  – 일을 잘 하는 사람을 관찰하고 따라 한다.

  – 일을 잘 하는 사람과 자신을 비교할 수 있는 일람표를 만들어본다.

3. 기호와 암호를 사용하라.

4. 중요사항은 한눈에 띄게 하라.

  – 중요한 사항은 밑줄을 긋고, 좀더 중요한 사항은 동그라미로 표시.

  – 삼색 볼펜을 사용해 내용과 중요도를 구분한다.

  – 중요한 내용은 별도로 요약한다.

5. 메모하는 시간을 따로 마련하라.

  – 메모만을 목적으로 하는 시간을 갖는다.

  – 일부러 커피숍을 찾거나 생각을 정리하기 위한 여행을 떠난다.

  – 한 번이라도 수첩과 펜을 든다.

6. 메모를 데이터베이스로 구축하라.

  – 메모는 어떤 형태로든 남긴다. 메모를 모아 책으로 만들어도 좋다.

  – 메모와 자료를 주제별로 문서 보관함에 넣어 데이터베이스화한다.

7. 메모를 재활용하라.

  – 예전의 메모를 다시 읽어보는 습관부터 기른다.

  – 메모한 것들은 날짜별 혹은 주제별로 정리한다.

  – 다시 읽을 때는 느낀 점이나 아이디어를 첨가한다.

10 평소에
자연을 잘 관찰하라

'○○를 상상해서 그려주세요' 라는 게임이 있다. 소재는 책가방이나 믹서 등 일상에서 자주 보는 것들인데, 이것이 의외로 어렵다. 그림 실력의 문제가 아니라, 대부분의 사람들이 구체적인 모양까지는 기억하지 못하기 때문이다.

사람은 가까이 있는 것일수록 유심히 보지 않는다. 자주 눈에 띄다 보면 봤다는 생각이 들어서 더 이상 보려고 하지 않기 때문이다.

가끔은 뭔가를 가만히 관찰해 보는 것도 괜찮다. 평소에 사물을 관찰하는 습관을 들여놓으면, 집중력도 저절로 생긴다.

예를 들어, 가까이 있는 자연을 유심히 관찰해 본다. 근처에 있는 나무나 공원에 심어진 꽃도 좋다. 그것을 가만히 들여다보고 있으면, 지금까지 느끼지 못했던 것을 발견할 것이다. 그리고 머지않아 관찰하는 것 자체가 무척 즐거워질 것이다.

이렇게 '관찰' 의 재미를 알게 되면, 집중력이 향상될 뿐만 아니라 높아진 집중력을 오래 유지하는 훈련도 된다.

또한 시간이 있을 때 관찰한 것을 그림으로 그려보면 더 효과적이다. 그림으로 그리면, 구체적인 모습을 알고 싶어져 더욱더 자세히 관찰하려고 할 것이기 때문이다.

더구나 그림을 그리는 재미에 눈을 뜨면 작업에 몰두할 수 있어 고도의 집중력을 기를 수도 있다.

요코하마 베이스타스의 사이토 다카시 투수도 쉬는 날에는 그림을 그린다고 한다. 어느 인터뷰에 의하면, 사이토 선수는 다른 일은 생각할 수 없을 정도로 그림에 푹 빠져 있다고 한다. 이것은 기분을 새롭게 하는 동시에 집중력을 높이는 데 한몫 단단히 하고 있음은 말할 것도 없다.

'그림은 질색'이라는 사람은 일단 관찰하는 것부터 시작해 보라. 특별한 준비는 필요 없다. 가령, 대기실에서 사람을 기다리고 있을 때 눈앞에 보이는 나무를 3분 정도 천천히 관찰해 본다.

여기서 한 단계 발전한 것이 하이쿠(俳句, 5·7·5의 3행 17음 형식으로 이루어진 일본 고유의 시)를 짓는 것이다. 하이쿠는 자연을 관찰하는 것이 기본이라고 한다. 조용히 자연을 관찰하고 그것을 5·7·5음절로 정리하여 완성한다. 이것 역시 일종의 집중력 양성 훈련이라 할 수 있다.

그 사람의 관심사를 보면
그가 얼마나 가치있는 사람인지 알 수 있다.

11 '잔상 집중법'을 활용하라

최근 스포츠계에서 집중력을 향상시키는 방법으로 자주 거론되는 것이 바로 '잔상 집중법'이다.

먼저 특정 도형이나 사물이 그려진 카드를 준비하고, 그 카드를 20초 정도 가만히 들여다본다. 그리고 나서 눈을 감고, 마음속으로 그 그림을 떠올린다. 그리고 익숙해질 때까지 같은 작업을 몇 번이고 반복한다. 처음에는 30초 정도 지나면 그림이 머릿속에서 사라져 버리지만, 훈련이 계속될수록 잔상을 1분 이상 남겨두는 것이 가능하다고 한다.

이렇게 훈련을 거듭하여 잔상을 오래 남기는 데 익숙해지면, 나중에는 집중하고 싶을 때 눈을 감고 그 잔상을 떠올리기만 하면 된다. 그러면 집중력이 다시 되살아나는 것이다.

야구로 유명한 한 고등학교도 성적이 저조한 시기에 이 방법을 연습에 도입했더니 준우승이라는 좋은 성적을 거둘 수 있었다고 한다. 야구부원들은 시합 중에 집중력이 저하되면, 카드 대신 글로브에 붙여진 마크를 보고 집중력을 지속시켰다.

즉, 마크에 표시된 기호를 다시 한 번 보고 잊혀진 잔상을 불러일으킴으로써 잃어버린 집중력을 유지했던 것이다.

마찬가지로 양초를 활용하는 방법도 있다. 먼저 양초에 불을 붙여 카드를 볼 때처럼 20초 동안 불꽃을 가만히 들여다본다. 그리고 눈을 감고 뇌리에 남은 잔상을 다시 찾아본다.

이것도 카드와 마찬가지로, 가능한한 매일 하는 것이 비결이다. 훈련을 자주 함으로써 언제든 잔상을 머리에 떠올릴 수 있게 된다. 비록 양초가 손에 없더라도 언제든 집중력을 발휘할 수 있는 것이다.

예를 들어, 일이나 공부가 잘 되지 않을 때는 잠깐 책을 내려놓고 눈을 감는다. 그리고 그 자리에서 불꽃의 잔상을 떠올린다.

그 정도만 해도 집중력은 차츰 돌아오기 때문에 다시 원래 하던 일을 하면 된다. '잔상 집중법'은 기분을 새롭게 하고 싶을 때도 권할 만한 방법이다.

잔상 추적법

창밖을 내다보며 나무, 새, 꽃 등 시야에 들어오는 것들을 2~3초 동안 집중적으로 본 뒤, 눈을 감고 그 광경을 마음속으로 떠올려본다. 나무의 모양과 함께 가지의 숫자, 새의 수, 꽃의 수를 눈에 남은 잔상을 추적하며 헤아린다. 사무실이라면 창밖의 건물을 내다보다가 눈을 감고 창문이 몇 개였는지 역시 잔상으로서 헤아려본다(잔상은 의외로 오랫동안 눈에 남는 생리적인 기억이다). 이 훈련을 거듭하다 보면 놀라운 기억력이 길러진다. 처음에는 잔상과 실제가 잘 일치하지 않지만 나중에는 아주 정확히 기억된다.

집중력 강화 훈련 방법

1) 청각에 의한 훈련

– 일정하게 들리는 종소리 같은 인공음에 귀를 기울인다.

– 새 소리, 물 소리, 바람 소리 등 자연음에 귀를 기울인다.

– 자기 발소리에 귀를 기울인다.

– 남의 이야기에 귀를 기울인다. 특히 혼잡하고 시끄러운 곳에서 한 사람 의 말소리를 귀기울여 듣는다.

– 여럿이 함께 큰 소리로 글을 낭독하거나 외친다.

2) 시각에 의한 훈련

– 일정하게 흔들리는 물체를 가만히 바라본다.

– 나뭇잎, 종이, 촛불 등 가까이 있는 물체를 바라본다.

– 하늘에서 내리는 눈발이나 날아가는 새를 바라본다.

– 달리는 차 안에서 표지판의 글자를 읽는다.

– 멀리 있는 산이나 숲, 구름, 별 등을 바라본다.

3) 사고력에 의한 훈련

– 어떤 물건이나 대상을 일정 시간 바라보다가 그것에 대해 생각한다.

– 미로찾기, 퍼즐맞추기 등 오래 집중해서 할 수 있는 게임에 도전한다.

– 마구 흐트러진 자료들의 연관성을 찾아낸다.

– 숫자를 계속 계산한다.

– 암기하기 어려운 문장이나 숫자를 빨리 암기하도록 연습한다.

4) 행동 조절을 통한 훈련

– 종이공작, 만들기, 낚시

– 기간을 정해놓고 책 읽기

건강한 뇌를 만드는 7가지 식생활 비결

1. 기억력을 높이려면 아침식사를 꼭 하라

2. 육식은 의욕을 불러일으켜 기억력을 향상시킨다

3. 뇌 건강에 도움이 되는 식품

4. 기억력에 도움이 되는 영양소

5. 커피는 피로한 뇌를 회복시킨다

6. 과음은 기억력의 큰 적이다

7. 담배를 피우면 기억력이 떨어진다

건강한 뇌를 만드는 7가지 식생활 비결

1 ┃ 기억력을 높이려면 아침식사를 꼭 하라

'학교에서 아침식사를……' 학교에서의 비행이나 학력 저하가 문제되고 있는 미국에서는 '학교에서 아침식사'를 실시하는 학교가 늘고 있다. 글자 그대로 집에서 아침식사를 하지 않고 등교하기 때문에 모두가 학교에서라도 아침식사를 꼭 하자는 프로그램이다. 그랬더니 계산 문제나 단어 시험에서 아침식사를 한 학급이 하지 않은 학급의 성적을 상회하게 되었다는 것이다.

기억력을 높여 공부나 일을 효율적으로 하기 위해서는 아침식사를 걸러서는 안 된다는 사실이 증명된 셈이다.

뇌의 에너지원은 포도당인데, 아침에 막 깨어났을 때의 뇌 속에는 이 포도당이 부족하기 때문에 아침식사를 통해 보충해야 한다.

인체 중에서도 간장이나 근육은 포도당을 글리코겐으로 저장할 수도 있지만, 뇌에는 포도당을 저장해둘 부위가 없다. 한편 뇌는 수면중에도 꿈을 꾸면서 포도당을 소비한다. 물론 수면중에 포도당을 보급할 수는 없기 때문에 깨어날 무렵엔 아무래도 포도당이 부족해질 수밖에 없다. 잠에서 막 깨었을 때 머리가 멍한 것은 그 때문이다.

따라서 오전부터 일이나 공부에 열중하고 싶다면 그 전에 포도당을 보충해 주어야 한다. '연료'를 보충하지 않으면 기억력도 완전히 가동할 수 없다. '맘껏 자고 싶다.' '먹고 있을 시간이 없다.' '아침부터 육체 노동을 하지는 않는다.'와 같은 이유로 아침식사를 거르는 것은 이미 시대에 뒤떨어진 일이다. 이제는 육체 노동뿐만 아니라 지적 노동에도 아침식사는 빼놓을 수 없다는 것이 세계적인 추세이다.

아침식사는 빵이든 밥이든 괜찮지만 잘 씹어 먹는 것이 무엇보다 중요하다. 어금니로 확실히 씹으면 뇌로 자극이 전해져서 그만큼 뇌의 작용도 활발해진다. 또한 생선이나 달걀, 청국장, 두부 등의 반찬을 함께 먹으면 다양한 영양소를 섭취할 수 있어 집중력과 기억력도 쑥쑥 오르게 될 것이다.

특히 시험 당일 아침은 꼭 먹어라

아침식사가 학습능력과 사고력, 집중력은 물론 대인관계까지 향상시켜 준다는 연구는 많다. 실제 아침식사를 꼬박꼬박 먹은 학생의 수능 평균 성적이 그렇지 못한 학생보다 200여 점이나 높게 나왔다고 한다.

그러나 포도당이 뇌에 좋다고 과식을 하는 것은 금물이다. 기억력과 집중력은 배가 불러 있을 때보다는 약간 비어 있을 때 더욱 좋아진다.

아침 식단은 위장에서 소화되는 가운데 혈액 속으로 천천히 포도당을 내놓을 수 있는 밥을 무국, 된장국, 미역국 등과 함께 먹으면 좋다. 다만, 육류 등은 소화에 부담이 되므로 피하는 것이 좋다.

2 | 육식은 의욕을 불러일으켜 기억력을 향상시킨다

지금부터 30년쯤 전에는 생선가게에서조차 "영양 하면 역시 고기야."라고 말했던 시대가 있었다. 하지만 그 후로는 예로부터 먹어왔던 생선이나 야채, 두부·청국장과 같은 콩 제품이 주목받으면서 육식은 성인병의 원인으로 먹어서는 안 되는 것처럼 인식되었다.

그러나 문제는 편식 위주의 식생활에 있는 것이지, 특별히 육식이 해로운 것은 아니다. 오히려 최근에는 육식이 우울 상태를 개선하고 의욕을 불러일으키는 등 뇌에 미치는 이점도 밝혀지고 있다.

특히 쇠고기나 돼지고기에는 트립토판이라는 아미노산이 많이 함유되어 있는데, 이것이 분해되어 생기는 세로토닌이 의욕을 불러일으키는 힘을 갖고 있다는 것이다.

사자나 호랑이 같은 육식동물도 먹이를 먹고 세로토닌의 양이 증가하면 만족감이나 행복감에 싸여 역시 의욕이 넘쳐난다고 한다. 사자나 호랑이의 경우 의욕이라고 해봐야 짝짓기 정도겠지만, 인간의 경우 공부나 일 등의 지적인 작업에서도 열심히 하고자 하는 마음이 생긴다. 따라서 의욕이 부쩍 솟아나면 평소보다 집중력이 높아지고 기억력도 순식간에 향상될 수 있다.

실제로, 현재 우울증 치료약의 대부분은 뇌 내에 있는 이 세로토닌의 양을 늘리는 작용을 한다. 다만, 이 세로토닌이나 그 원료가 되는 트립토판은 체내에서 만들 수가 없다. 따라서 음식물을 통해 섭취해야 하는데, 가장 많이 함유되어 있는 것이 쇠고기와 돼지고기이다.

또한 쇠고기나 돼지고기에는 아라키돈산이라는 지방산이 함유되어 있다. 체내에 들어온 이 지방산은 효소작용으로 아난다마이드라는 환각물질을 만들어낸다고 한다. 이 환각물질에 의해 뇌가 안정돼 집중할 수 있게 되고 기억력도 높아지는 것으로 여겨진다.

기억력 증진 요령

- 한 분야에 한정짓지 말고 머리를 넓게 쓰라.
- 기억하고자 하는 의지와 자신감을 가져라.
- 주의깊게 관찰하고 흥미를 가져라.
- 자신있는 감각을 잘 이용하라.
- 반복적으로 기억하라.
- 기억한 후에는 뇌를 가능한한 쉬게 하라.
- 연상을 잘 활용하라. 가령, 버스 안에서 뭔가를 기억할 때 얼굴을 들어 창밖을 보고 눈에 띄는 것과 기억할 내용을 연결하여 함께기억하는 것이다.
- 잠을 충분히 자라. 밤새 안자면 기억하는 양이 급속히 감소한다.

기적의 행복호르몬 '세로토닌'

복잡한 인간의 행동을 조절하는 신경전달물질은 지금까지 수십 종이 발견됐지만 그 역할이 명확히 밝혀진 것은 몇 가지에 불과하다. 그 중 세로토닌이라는 물질이 주목받고 있는데, 뇌에서 분비되는 신경전달물질 중 하나로 혈액(sero)에서 분리한 활성물질(tonin)이라는 의미를 갖고 있다. 세로토닌이 충분히 만들어지면 그 사람은 사랑과 행복의 감정을 느끼고, 늘 기분이 좋으며 생활에 활력이 넘친다. 반면 세로토닌 결핍은 우울증, 감정불안, 불면증을 유발하기도 한다.

인체가 외부로부터 어떤 충격을 받으면 그에 대항하기 위하여 노르아드레날린이 분비되어 놀람, 공포, 불안, 분노 등의 감정을 일으킨다. 이런 흥분 상태가 지속되면 이번에는 그로 인해 몸에 이상이 생길 수 있으므로 잠시 후 세로토닌이 분비되면서 노르아드레날린의 작용을 억제한다.

그런데 세로토닌의 분비가 부족하면 이런 상태를 제어할 수 없어서 쉽게 흥분하거나 참지 못하고 이내 욱 하는 증상을 보이게 된다. 또 게임 중독이나 쇼핑 중독 같은 일종의 '의존증'도 세로토닌과 관련이 있다.

그렇다면 어떻게 세로토닌의 분비를 늘릴 수 있을까?

밝은 태양 아래 1초에 2보 정도의 리듬을 유지하며 걷는 것이 가장 좋은 방법이다. 또 세로토닌의 원료를 늘릴 필요도 있다. 세로토닌은 트립토판이라는 필수아미노산으로 만들어지는데 이것은 체내에서 생성되지 않는다. 따라서 음식물을 통해 섭취할 수밖에 없다. 트립토판은 붉은살생선이나 육류, 유제품에 풍부하게 함유되어 있으므로 이런 식품을 많이 먹도록 하자. 그리고 트립토판이 세로토닌으로 변화하려면 비타민 B6도 필요하다. 비타민 B6는 밀, 옥수수, 육류, 감자 등에 많이 들어 있다.

3 뇌 건강에 도움이 되는 식품

뇌 기능을 활성화시키는 '브레인 푸드' 콩

미국의 국립암연구소에서는 10년쯤 전부터 암을 예방하는 식물성식품의 연구를 시작하였다. 일명 '디자이너 푸드'라고 불리는 마늘, 양배추, 생강, 양파, 콩, 녹차, 현미, 통밀가루 등이 거론되고 있는데, 그 중에서도 요즘 크게 주목받고 있는 것이 콩이다.

콩은 암을 예방하는 효과뿐만 아니라 기억력과 집중력을 높여준다는 사실이 밝혀졌다. 최근에는 뇌의 기능을 활성화시킨다는 의미에서 '브레인 푸드(brain food)'라고도 불릴 정도다.

뇌 속에는 수많은 신경세포(뉴런)가 있고, 각 세포에서 돌기(시냅스)가 뻗어나와 있다. 그 돌기의 끝 부분이 가지처럼 갈라져 다른 신경세포와 연결됨으로써 네트워크를 형성하고 있다.

그리고 신경세포에서 신경전달물질이 분비되면 시냅스를 지나 다른 신경세포로 전달된다. 이렇게 해서 눈과 귀, 코, 혹은 피부에서 보내온 정보는 측두엽을 통과하여 기억을 담당하고 있는 해마로 보내진다. 무릇 뇌가 활성화한다는 것은 신경전달물질의 양이 많아지거나 시냅스 사이를 활발히 오가고 있는 상태를 말한다.

사실 그 신경전달물질의 원료 중 하나인 '레시틴'이 콩에 함유되어 있는데, 레시틴이 장에서 흡수돼 뇌로 보내지면 기억력과 관계가 있는 아세틸콜린이라는 신경전달물질로 바뀐다. 즉, 두부를 먹으면 신경전달물질이 증가하여 뇌가 활성화되고 기억력도 좋아진다는 말이다.

실제로 미국의 메릴랜드에 있는 국립정신건강협회의 크리스틴 지린 박사는, 레시틴을 지속적으로 섭취한 결과 기억력이 25%나 증가했다고 보고하고 있다.

다만, 콩을 그대로 먹으면 소화율은 60~70%밖에 안 된다. 효과적으로 섭취하려면 된장, 두부, 두유, 청국장, 콩가루 등으로 먹는 것이 좋다. 콩을 고소하게 볶아 간식으로 먹는 것도 좋다. 그 중에서도 청국장은 콩을 그대로 발효시킨 것으로 레시틴을 낭비하지 않고 섭취할 수 있는 최고의 식품이다.

기억력을 높여주는 '건뇌식품' 두부

두부는 뇌의 작용을 높여 기억력을 올려주는 '건뇌(建腦) 식품'으로서 세계적으로 주목받고 있다.

특히 입시공부와 같이 장시간에 걸쳐 머리를 쓰면 뇌 속의 '레시틴'이라는 물질이 점점 소비된다. 이 레시틴은 신경전달물질인 아세틸콜린의 원료가 되는 물질로, 이것이 부족하면 집중력이 떨어지고 기억력도 저하되고 만다.

따라서 장시간 공부나 일에 몰두하기 위해서는 일상생활에서 레시틴을 보급해 주는 일이 중요한데, 두부는 청국장과 더불어 이 레시틴을 풍부하게 함유한, 게다가 낭비 없이 흡수할 수 있는 이상적인 식품이다. 두부는 '한국의 두뇌'에 있어 빼놓을 수 없는 식품이라는 사실을 잊어서는 안 된다.

DHA의 보고, 등푸른 생선

♪ 생선이요 생선, 머리에 좋은 등푸른 생선~

할인점의 생선 코너나 시장 생선가게 앞에서 이런 소리를 들은 적이 있을 것이다. 생선의 판매 촉진을 목적으로 노래처럼 만들어 외치는 것이다. 여기에는 당연히 '생선을 먹으면 머리가 좋아져요~'라는 내용도 들어 있는데, 그 이유는 생선에 'DHA(데히드로아세트산, docosa hexaenoic acid)'가 풍부하게 함유되어 있기 때문이다. 이 DHA에는 뇌의 기능을 높이는 효능이 있음이 밝혀졌다.

그 계기는 영국 뇌영양화학연구소 마이클 클로포드 교수의 연구 보고였다. 그는 먼저 '일본인 자녀의 지능지수가 높은 것은 생선을 많이 먹기 때문이다.' '생선에 함유된 DHA가 두뇌의 기능을 좋게 한다.'고 보고했다.

그래서 일본의 농수성식품종합연구소에서 쥐 실험을 한 결과, DHA를 투여하자 확실히 판단력과 집중력, 기억력이 향상하였다. 클로포드 교수의 연구 보고에 대한 정확성이 입증된 것이다.

신경세포에서는 여러 개의 시냅스가 뻗어나와 있어 뇌에 들어온 정보는 모두 이 시냅스에 의해서 전달된다는 것은 앞서도 얘기했다. DHA는 이 시냅스를 형성하는 세포막의 재료로서, 특히 기억이나 학습에 관련된 해마의 신경세포 고리 지질 중에는 20% 이상의 비율로 포함되어 있다. DHA를 많이 섭취할수록 신경세포 간에 정보 전달이 활발해지고, 뇌의 기능이 좋아진다는 애기다.

게다가 이 DHA는 생선에만 포함되어 있어서 '생선을 먹으면 머리가 좋아진다.'고 뇌를 담보로 손님을 부르는 것이다.

덧붙여 말하자면, DHA가 생선에만 함유되어 있는 이유는 먹이사슬과 관련이 있다. 바다 속에 알파 리놀렌산을 많이 포함한 식물플랑크톤이 있고, 이것을 동물플랑크톤이 먹는다. 불가사의한 이야기지만, DHA는 알파 리놀렌산을 포함한 식물플랑크톤을 먹은 동물플랑크톤 속에만 존재한다. 이 동물플랑크톤을 작은 물고기가 먹고, 그것을 중형 물고기가 먹는다. 더욱이 그것을 대형 물고기가 먹음으로써 대형 물고기에 아주 많은 DHA가 함유되어 있는것이다.

DHA를 많이 함유한 생선에는 다랑어, 방어, 고등어, 꽁치, 정어리 등이 있다. 그리고 가장 효율적인 섭취 방법은 생선회로 먹는 것이다. 찌거나 굽거나 하면 20%, 튀기게 되면 50% 정도가 소실된다고 한다.

기억력을 높여주는 팥

팥에는 기억력을 높여주는 힘이 숨겨져 있다는 사실이 밝혀졌다. 또한 팥에 포함된 '사포닌'이라는 물질에는 이뇨작용이 있고, 체내에 쌓인 여분의 수분을 몸 밖으로 배출시키는 역할을 한다. 그러면 체내의 수분이 적당히 조절되어 기분이 상쾌해지고 집중력이 높아져서, 결과적으로 기억력을 향상시키는 효과가 있다고 한다.

덧붙여서 이제까지 사포닌에는 적혈구를 파괴하는 작용이 있다고 알려져 왔다. 그런데 최근들어 팥이나 콩, 인삼에 포함된 사포닌은 특별히 뇌의 기능에 유용하다는 사실이 증명되었다.

팥이라고 하면 보통 팥빵을 생각하게 되는데, 팥죽도 추천할 만하다. 팥죽을 만드는 법은 쌀과 팥을 2대 1의 비율로 섞어 냄비에 넣고 밥을 지을 때와 같이 끓인다. 다 익으면 거기에 쌀과 같은 양의 물을 넣고 부드러워질 때까지 끓여서 소금으로 간을 맞추면 된다. 수험생의 밤참으로도 정말 추천할 만한 음식이다.

두뇌를 좋게 하는 참깨

동양의 최고 한의서인 허준의 <동의보감>을 보면 '참깨(胡麻)'에 대한 언급이 있는데, '참깨는 기운을 돕고 살찌게 하며, 골수와 뇌수를 충실하게 하고, 힘줄과 뼈를 든든하게 하며, 오장을 눅여준다.' 고 극찬하고 있다.

참깨는 뇌를 활발하게 한다는 사실이 오래 전부터 경험을 통해 알려져 왔는데, 그것이 요즘 과학적으로 증명되고 있다. 참깨에는 뇌에 활력을 불어넣는 폴리불포화지방산뿐만 아니라 기억을 입력하는 능력을 향상시키는 레시틴, 게다가 기억했던 자료를 끄집어내는 능력을 향상시키는 비타민 E를 많이 함유하고 있다는 사실이 밝혀졌다.

예를 들어, 폴리불포화지방산에는 혈관 벽에 붙어 있는 콜레스테롤과 중성지방을 제거하는 작용이 있다. 이 작용으로 인하여 온몸의 혈액순환이 좋아져서 고혈압이나 동맥경화 등을 예방할 수 있고, 뇌세포에도 충분한 산소와 영양이 공급될 수 있다고 한다.

게다가 참깨에는 신경전달물질의 재료로서 신경세포 간 정보전달을 활성화시키는 레시틴이 함유되어 있다. 장에서 흡수된 레시틴은 참깨의 작용으로 혈액을 따라서 뇌까지 막힘 없이 확실하게 운반된다. 뇌에서는 레시틴이 신경전달물질이 되어 뇌를 활성화시킴으로써 입력된 자료가 해마에 쉽게 '보존' 될 수 있다.

또한 비타민 E의 작용으로 측두엽과 해마에 보존된 자료를 끄집어내는 능력도 높아지기 때문에, 참깨만 있어도 데이터의 입력에서 보존, 인출에 이르기까지 그 개선에 크게 공헌하는 셈이다.

두뇌를 활발하게 작용시키기 위한 조건으로는 혈액이 약알칼리성이고, 비타민류와 레시틴이 풍부하며, 산소도 충분하게 공급되고 있는 상태라고 한다. 바로 참깨야말로 이들 조건을 충족시켜 주는 '건뇌식품'의 대표주자라 할 수 있다.

기억력을 개선시키는 사포닌 성분이 들어 있는 인삼

인삼 추출물 및 사포닌 성분은 학습기능 증진과 기억력을 개선시켜 지적 수행능력을 향상시키는 효능이 있다는 사실이 여러 실험 결과 밝혀지고 있다.

인삼은 사람을 대상으로 한 임상실험 결과 정신적 · 지적 작업수행 효율을 향상시키며, 말초순환 개선 효과가 있는 것으로 알려진 은행잎과 고려인삼의 추출물 및 이들 추출물의 배합액은 여러 가지 동물의 행동 실험에서 기억력 개선과 학습기능을 촉진시키는 효과가 있다고 밝혀졌다. 또 고려인삼을 함유한 한방제는 알코올과 건망증 유도 약물 처리에 의한 기억 손상을 개선시키고, 실험용 쥐를 이용한 실험에서 공간 인지 기억력의 개선효과가 있음을 확인하였다.

1989년 4월 일본의 동경대학에서 개최된 국제인삼세미나에서 불가리아 과학아카데미생리연구소 페트코프 박사는 인위적으로 건망증을 일으킨 쥐와 기억상실증이 있는 22~24개월 노령쥐의 기억력 증진과 학습능력 촉진에 인삼이 매우 현저한 효과를 나타낸다고 발표했다.

동경대학교 사이또 교수도 이와 유사한 실험을 통해 뇌기능 활동에 인삼이 효과가 있다고 보고했으며, 특히 만성스트레스를 받은 성행동 감퇴와 학습능력 감퇴에 대해 인삼 추출물 및 사포닌이 방어 효과가 있다고 발표했다.

그 밖의 브레인 푸드

- 블루베리 : 아침에 블루베리 주스를 한잔 마시면 오후까지도 두뇌회전이 잘 된다고 한다. 이는 영국 연구진에 의해 발표되었으며, 블루베리 주스 속의 풍부한 플라보노이드 성분이 혈관을 넓혀 뇌로 가는 가는 혈액을 늘리고 그 결과 뇌 속의 혈액량이 증가하면서 집중력과 기억력이 좋아지고, 장기적으로는 치매 예방 효과까지도 기대할 수 있다.
- 붉은 고추 : 두뇌 발달에 좋은 비타민 C와 A의 베타카로틴이 풍부하다. 붉은 고추는 풋고추가 익는 과정에서 영양소가 더 증가하기 때문에 풋고추보다 비타민 C는 20%, 베타카로틴은 15배 더 많이 함유되어 있다. 생선간장조림, 야채무침을 할 때 붉은 고추를 송송 썰어 넣는다. 붉은 고추로 새콤달콤 피클이나 장아찌를 담가 먹어도 좋다.
- 양파 : 양파 속의 안토크신틴 성분은 면역체계를 향상시켜 두뇌와 신경세포를 보호한다. 또 매운 양파냄새 속에 들어 있는 유황

은 머릿속 독소 제거에 도움을 준다. 양파로 간장장아찌를 만들거나 양파즙으로 샐러드 드레싱을 만든다. 양파를 굵게 채썰어 무침이나 샐러드를 만들어도 좋다.

- 브로콜리 : 브로콜리는 90%의 수분과 각종 비타민 및 미네랄, 소량의 칼로리를 함유하고 있어 두뇌와 신체 세포를 보호하는 효과가 있다. 영양분은 그대로 먹는 찜 요리가 가장 좋고, 올리브유에 볶아 먹는 것도 좋은 방법이다. 브로콜리 피망볶음, 브로콜리 볶음밥을 해먹어도 좋다.

- 비트 뿌리 : 두뇌는 에너지 생성을 위해 탄수화물과 산소를 필요로 한다. 비트 뿌리는 탄수화물이 풍부하며 혈액을 통한 두뇌의 산소 공급에 도움을 주는 철분을 함유하고 있다. 초절임, 매운 무침요리를 만들어 먹는다.

- 견과류와 씨앗류 : 두뇌 발달에 도움이 되는 단백질과 미네랄뿐만 아니라 신경 전달 기능을 하는 지방산이 많은 편이다.

자기가 가진 것으로 만족하지 못하는 사람은
자기가 바라던 것을 갖게 되어도
역시 만족하지 못한다.

4 기억력에 도움이 되는 영양소

포도당이 부족하면 기억력은 저하된다

장시간 책상 앞에 앉아서 공부나 일을 하다보면 머리가 멍해지며 기억력이 떨어지는 경우가 있다. 그럴 때는 초콜릿이나 케이크 혹은 설탕을 듬뿍 넣은 커피, 홍차 등 단것을 먹거나 마시고 싶어지지 않는가?

사실 머리가 피로한 것은 뇌 속의 포도당이 부족한 상태를 말한다. 포도당은 설탕 따위의 탄수화물이 분해되어 나오는 물질로, 뇌에 있어서는 연료 같은 존재이다. 이것이 부족하면 뇌의 작용이 둔해져 기억력도 떨어지게 된다. 그럴 때 단 것을 먹고 싶어지는 것은 뇌의 자연스러운 욕구인 셈이다.

일반적으로, 살아가기 위해 필요한 3대 영양소로는 탄수화물, 단백질, 지방이 있다. 그런데 이 3대 영양소 중에서 뇌가 필요로 하는 것은 탄수화물뿐이다. 뇌는 이 탄수화물이 분해된 포도당과 산소만으로 움직이고 있다.

그렇다면, 기억력을 높이기 위해서는 단 것을 많이 먹어야 할까?

그렇지는 않다. 탄수화물은 설탕 외에 다른 데서도 섭취할 수 있다. 쌀밥, 면류, 감자류, 바나나, 호박, 밤, 옥수수, 수박, 파파야, 파인애플, 사과, 요구르트 등에도 많이 함유되어 있다. 따라서 뇌로 에너지원을 충분히 공급하고 싶다면 일상생활에서 탄수화물이 함유된 여러 가지 식품을 충분히 먹으면 된다.

덧붙여 말하면, 뇌는 아주 많은 양의 포도당을 필요로 한다. 인간 뇌의 무게는 1,400g 정도로, 그 무게는 전 체중의 약 2%에 불과하다. 그런데 뇌가 소비하는 에너지 양은 전 체중의 20%에 달한다.

이것을 단 것만으로 보충하려고 하면, 그렇지 않아도 매일같이 장시간 책상 앞에 앉아 운동 부족이 되기 쉬운 사람들은 틀림없이 비만해지고 말 것이다.

칼슘이 부족하면 기억력이 나빠진다

최근 영양식품이나 건강보조제에는 부족한 칼슘을 보충하는 제품이 눈에 띄게 많다. 그 큰 이유는 물론 골다공증 환자의 증가나 골밀도의 저하에서 짐작할 수 있듯이 현대인의 약해진 뼈를 보강하기 위해서다. 그런데 그것 말고도, 건강보조제에 칼슘을 보충하는 이유로서 최근에는 두 가지 증상이 더해지게 되었다.

하나는 기분이 가라앉지 않고 쉽게 불안해지는 증상, 그리고 또 하나는 기억력이 나빠지는 것이다. 칼슘 부족은 기억력 저하와도 큰 관계가 있다는 사실이 밝혀진 셈이다.

외부의 자극과 정보가 시각이나 청각, 촉각 등을 통해서 일단 뇌에 전해지면, 그 다음에는 신경세포의 네트워크를 통해 전달되어 간다. 신경세포에서 신경세포로의 전달은 도파민이나 노르아드레날린과 같은 신경전달물질이 방출됨으로써 이루어지는데, 그 방출 스위치의 역할을 맡고 있는 것이 바로 칼슘이다.

구체적으로 말하자면, 신경세포에 칼슘이 들어오면 신경전달물질이 방출되고 다른 신경세포가 정보를 받아들인다. 그리고 그 신경세포에 칼슘이 들어와서 다시 신경전달물질이 방출되고 다음의 신경세포로 전해져 간다. 이 과정을 되풀이하면서 눈과 귀, 입 등에서 들어온 정보는 측두엽을 지나 해마에 일시적으로 보존된다. 그리고 나서 해마에서 뇌 전체로 보내져 최종적 기억으로서 정착해 간다.

정보 전달에 깊이 관여하는 칼슘은 뇌 속에서 실로 중대한 역할을 맡고 있다. 따라서 칼슘이 부족하면, 뇌는 뼈에 저장되어 있는 칼슘을 용해시켜서 그 부족분을 충당한다. 인간의 체내에 있는 칼슘의 99%는 뼈에 저장되어 있으므로, 이는 훌륭한 대처법이라고도 할 수 있다.

그러나 필요 이상으로 뼈에서 칼슘이 빠져나가 버리면 뇌 속에 칼슘이 과잉 공급되고, 그 결과 이번에는 신경세포의 스위치가 작동하지 않게 되어 신경전달물질이 비정상적으로 방출되는 사태가 발생한다.

그러면 해마에서 정보가 원활하게 전달되지 않고, 기억력도 저하한다. 또한 신경전달물질이 비정상적으로 증가함으로써, 신경세포도 혼란에 빠져서 이것이 불안의 원인이 되는 것이다.

평소에 뇌에 칼슘이 충분히 공급되고 있으면, 불안하지도 않고 안정된 정신상태를 유지할 수 있으므로 기억력 또한 높아진다.

기억력 저하를 예방하는 비타민 C

비타민 C와 지능지수(IQ)의 연관성을 밝히기 위해 미국에서 다음과 같은 실험을 했다.

유치원생부터 대학생까지 351명을 두 개의 그룹으로 나누어, 한쪽 그룹에는 혈중 비타민 C 농도가 높아지게 하는 식사를 제공하고, 또 한 그룹에는 비타민 C가 부족한 식사를 제공했다. 그리고 지능지수 테스트를 했는데, 전자의 평균이 113.22포인트, 후자의 평균이 108.71포인트로 성적에 분명한 차이가 났다.

그 후에도 이 실험은 계속되었는데, 비타민 C를 충분히 섭취한 그룹 쪽의 지능지수가 항상 높게 나왔다고 한다. 그만큼 비타민 C는 뇌의 활동에 크게 공헌하고 있다고 할 수 있다.

비타민 C의 기능 중에 산화를 방지하는 항산화작용이 있다. 예를 들어, 뇌세포 내에서 산화가 진행돼 세포가 망가져 버리면 점점 뇌의 기능이 둔해진다. 또한 혈관세포 내에서 산화가 진행되더라도 뇌에

산소나 영양 공급이 원활하지 않게 된다. 뇌와 혈관의 산화는 알츠하이머(노인성 치매)의 주요 원인이기도 한데, 비타민 C에는 그 뇌와 혈관의 산화를 방지하는 능력이 있다. 즉 뇌와 혈관의 손상을 방지함으로써, 기억력 저하 예방에 도움을 준다.

비타민 C는 신선한 야채와 과일에 함유되어 있다.

뇌세포를 젊게 유지시키는 비타민 E

'슈퍼 비타민'이라고도 불리는 비타민 E는 체내의 유해물질을 없애주는 역할을 한다. 기억력 향상이라는 점에서 보면, 기억한 정보를 재빨리 끄집어내기 위해 없어서는 안 될 영양소라고도 할 수 있다.

원래 인간의 노화가 진행되는 원인은 '활성산소'라는 악역 때문이다. 즉, 노화란 활성산소가 여기저기 세포를 공격하는 파괴 행위라고도 할 수 있다. 이 활성산소는 보통 일상생활을 영위하기만 해도 생성되며, 인간으로 태어난 이상 피할 수 없는 일이다. 인간은 살아 있는 한 저절로 노화해 간다는 숙명을 짊어지고 있다고 할 수 있다.

문제는 이 활성산소를 자유롭게 활동하도록 방치해두는 것이다. 그렇게 되면 노화가 빨라질 뿐만 아니라, 암이나 성인병 같은 질병의 원인이 되기도 한다. 어떻게든 활성산소의 공격에 대항하지 않으면 건강하게 늙어갈 수가 없는 셈인데, 그 '저항세력'의 역할을 맡고 있는 것이 바로 비타민 E이다.

비타민 E는 활성산소에 정면으로 맞서 노화 속도를 늦춰 주기 때문에 '젊음의 비타민'이라고도 불린다. 비타민 E의 작용으로 뇌세포를 젊게 유지하면 그만큼 뇌의 활동도 활발해지므로 기억력이 향상된다.

이 슈퍼 비타민은 밀의 배아나 현미, 참깨, 녹황색 채소, 꽁치 등에 많이 함유되어 있다.

뇌의 젊음을 돕는 셀레늄

영양소에 관한 연구에서 최근 주목받고 있는 미네랄 중의 하나가 '셀레늄'이다. 암의 발생을 억제할 뿐만 아니라 전이도 막아주고, 그밖에 심장병의 예방에도 도움이 된다. 게다가 앞에서 서술한 비타민 E와 마찬가지로 젊어지는 효과가 탁월하다고도 알려져 있다.

또한 기억력을 높이는 데 빼놓을 수 없는 미네랄로서도 당연히 연구자의 주목을 모으고 있다.

듣고 보니 일상에서 부족하지 않게 섭취해야 할 영양소가 분명한데, 음식에 포함되어 있는 양은 아주 소량이다. 비교적 함유량이 많은 것이 인삼, 마늘, 양파, 버터, 빙어 등이다. 그 밖에 쇠고기나 어패류, 육류, 간, 토마토, 브로콜리 등에도 함유되어 있다. 비타민 E와 함께 섭취하면 셀레늄의 효능을 더욱 강화시킨다.

단, '슈퍼 비타민'이라고 불리는 비타민 E와는 달리, 셀레늄은 체내에서 단독으로 악역과 싸울 수는 없다.

동맥경화나 간장 장애, 당뇨병 같은 성인병의 원인 물질로 과산화지질이라는 악역이 있는데, 셀레늄은 이 과산화지질을 공격하여 분해하는 산소의 구성 성분이다. 즉 정의의 아군인 산소의 일원이 되어 악역과의 대결에 참전하고 있는 셈이다.

덧붙여 말하면, 셀레늄은 1817년 스웨덴의 화학자 벨체리우스에 의해 발견되었는데, 연소할 때 달처럼 빛을 내는 데서 그 이름이 그리스어의 '달(셀렌)'에서 유래한 것이라고 한다.

개발도상국 영양실조자의 혈액을 조사하면 이 셀레늄이 부족한 경우가 많은데, 셀레늄만 보급하더라도 증상이 훨씬 좋아질 것이다.

기억장애에는 비타민B12를 충분히 섭취하라

주차장에 세워둔 차의 장소를 기억하지 못한다거나, 조금 전에 걸었던 전화번호를 기억하지 못하는 등의 기억장애는 비타민 B12의 결핍 때문일 가능성이 높다. 비타민 B12는 신경세포의 생성과 기능 유지에 필수적인 영양소다. 하지만 끊임없이 새로운 정보를 담아두어야 하는 뇌세포는 비타민B12를 충분히 비축해두지 못한다.

이러한 기억장애는 비타민 B12만 충분히 먹으면 수일 내 증상이 좋아진다. 손발이 잘 저리고 금방 피로해지는 것도 결핍 증상이다. 물론 규칙적으로 균형있는 식생활을 하는 사람들에게는 문제가 없다. 하지만 위염이 있거나 오랫동안 속쓰림으로 제산제를 복용해온 사람들은 비타민 B12가 부족해지기 쉽다. 미국에서는 50세 이상의 10~30%가 비타민 B12 결핍이 있을 것으로 보고 있다. 채식주의자들도 비타민 B12 결핍 위험이 높다. 이런 경우 비타민 B12가 많이 함유된 음식을 충분히 섭취하든가 보충제를 먹어야 한다.

비타민 B12는 어육류, 계란, 우유 및 유제품에 많다. 음식 대신 보충제를 사먹을 경우 용량이 높은 것을 선택한다. 음식과 달리 몸에 흡수되는 양이 적기 때문이다.

두뇌 발달과 기억력을 촉진시키는 콜린

뇌세포는 여러 가지 신경전달물질을 만들기 위해 특정 영양소를 필요로 하는데 그 열쇠가 바로 콜린이다. 콜린은 뇌세포에서 다양한 활동을 하는 신경전달물질을 합성하는 작용을 하며, 콜린이 들어 있는 음식을 많이 먹으면 해마가 발달하고 뇌 유전자에도 영향을 미친다. 그러므로 집중력과 사고력, 창의력 향상을 위해서는 콜린의 지속적인 섭취가 중요하다.

콜린은 우유, 브로콜리, 양배추, 콩, 등푸른생선, 마늘, 양파, 부추 등에 들어 있다. 야채에 우유를 넣고 갈아먹으면 한끼 식사 대용이나 간식으로도 손색 없이 콜린을 듬뿍 섭취할 수 있다.

5 커피는 피로한 뇌를 회복시킨다

　세계 유명작가 중에서 대체 몇 명의 작가가 커피를 마시면서 원고를 써왔을까? 그 중에서도 커피 애호가로 유명한 작가의 한 사람이 마르셀 프루스트이다. 커피향을 맡는 순간, 옛 기억이 생생하게 떠올라 <잃어버린 시간을 찾아서>라는 장편소설을 완성시켰다는 에피소드가 남아 있다.

　대개 커피향을 맡음으로써 상상력이 고양된다거나 기억력이 좋아진다는 사람이 적지 않다. 실제로 커피향을 맡으면, '쾌감신경'이라 불리는 'A10 신경'을 자극하게 되고, 그 결과 알파파가 나와 안정 상태가 된다고 한다. 게다가 그 효과는 다른 어떤 향보다도 뛰어난 것으로 알려져 있다. 그리고 'A10 신경'이 자극받으면 신경전달물질도 다량으로 분비되기 때문에, 뇌 활동이 활발해지고 기억력이 높아진다는 사실이 밝혀졌다.

　또한 커피에 함유된 카페인에는 뇌를 흥분시키는 작용이 있다는 것도 잘 알려진 사실이다. 게다가 '토리고네린'이라는 성분에도 뇌를 활성화시키는 작용이 있다는 것이 발견되었다.

뇌세포는 20세를 지나면 매일 수만 개씩 사멸하고, 한 번 죽은 뇌세포는 두번 다시 재생되지 않는다. 그러나 두뇌를 써서 뇌를 계속 자극하면, 지금까지 휴면하고 있던 뇌세포가 활동을 시작하여 뇌 기능을 활성화시킬 수는 있다. 커피에 함유된 '토리고네린'은 뇌 속에서도 대뇌피질과 해마에 있는 신경세포를 부활시키는 역할을 담당하고 있다.

따라서 커피를 매일 1~3잔 정도 마시면, 기억력 향상은 물론이고 뇌의 노화나 알츠하이머 병의 예방에도 도움이 될 것으로 여겨진다.

커피 속 카페인이 단기기억을 향상시킨다

커피, 홍차, 콜라, 초콜릿 등에 들어 있는 카페인이 단기기억을 향상시키는 효과가 있다는 연구 결과가 나왔다.

오스트리아 인스브루크 의과대학의 플로리안 코펠슈타터 박사는 커피 2잔에 해당하는 카페인 100mg을 섭취하면 단기기억을 관장하는 뇌 부위의 활동이 증가한다는 사실이 확인되었다고 밝혔다. 커피, 홍차, 콜라, 초콜릿 등에 들어 있는 카페인은 세계에서 가장 널리 사용되는 흥분제의 하나로, 세계인의 하루 평균 섭취량은 76mg에 달한다.

연구진은 "이번 실험 결과가 카페인 없이는 대뇌의 기억력을 담당하는 부분을 활성화시킬 수 없다는 것을 의미하지는 않는다. 다만 우리는 카페인으로 뇌를 보다 활성화시킬 수는 있다. 또한 두 잔의 커피는 당신의 기억력을 향상시키지만, 커피를 더 많이 마신다고 하여 지적 능력이 향상되지는 않는다는 점을 명심하라. 카페인을 과용하면 불안증이 심해져 긍정적 효과가 상쇄된다."고 말했다.

6 과음은
기억력의 큰 적이다

　과음하여 곤드레만드레 취한 다음날 아침, 전날 밤의 일을 전혀 기억하지 못하는 경우가 있다. 어디에서 누구와 마셨고, 어떻게 집에 돌아왔는지도 전혀 생각나지 않는다. 나중에 친구에게 '전철 안에서 시끄럽게 떠들었다.' 따위의 말을 듣고는 얼굴이 달아오를 정도로 창피했던 사람도 있을 것이다.

　과음했을 때 전혀 기억이 나지 않는 것은, 알코올에 의해 일시적으로 해마가 마비되었을 때 일어나는 현상이라고 한다. 알코올은 니코틴이나 카페인, 헤로인과 마찬가지로 뇌에로의 이물질 침입을 막아주는 '혈액뇌관문(血液腦關門: 혈액과 뇌 조직 사이에 존재하는, 내피세포로 이루어진 관문. 다른 장기의 내피세포와는 달리 세포들 사이가 매우 치밀하므로 약물이 잘 투과되지 않는다.)'을 쉽게 돌파하여 뇌 속까지 침투해 간다. 그렇기 때문에 해마를 일시적으로 마비시켜 버리는 것이다. 알코올에서 깨어나면 해마도 원래대로 회복된다.

　그러나 매일같이 과음 상태가 지속되면, 기억력은 정말로 점점 쇠퇴해갈 뿐이다. 예를 들어, 사법고시나 공인회계사를 목표로 열심히 공부하고 있는 사람 중에는 스트레스 해소를 위해 잠자기 전에 술을 마시는 사람도 있는데, 그 결과 법령이나 판례를 점점 기억할 수 없게 되어버리기도 한다.

기억의 메커니즘에 의하면, 공부하면서 기억한 정보는 측두엽을 경유하여 일시적으로 해마에 보존된다. 그리고 잠을 자고 있는 동안에 장기기억으로 변환된다. 이 작업은 꿈을 꾸고 있는 렘수면 시간대에 집중적으로 이루어진다.

앞서도 말했지만, 수면은 꿈을 꾸고 있는 렘수면과 꿈을 꾸지 않는 넌렘수면의 시간대로 나누어지는데, 과음을 하고 잠들면 렘수면 시간이 크게 단축된다. 따라서 장기기억으로 변환되지 못하고 잊어 버리는 정보가 늘어나는 것이다. 이래서는 아무리 열심히 외웠더라도 알코올과 함께 배설해 버리는 것이나 마찬가지다. 다음날에는 완전히 잊어 버리고 만다.

알코올 중독증으로 고생하는 환자의 뇌를 조사하면, 해마가 위축되어 줄어들었다고 한다. 당연히 기억력은 큰 타격을 받게 된다. 과음은 기억력에 있어서도 큰 적임에 틀림없다.

> 일에 양 다리를 걸치는 것은 금물이다.
> 만일 그대가 전자를 욕심내면 후자를 놓칠 것이다.
> 둘을 다 욕심내면
> 그대는 그 중 어느것 하나도 얻지 못할 것이다.

7 | 담배를 피우면
기억력이 떨어진다

　미국에서 담배를 피우는 사람과 비만한 사람은 출세가 늦다는 말이 나온 것은 이미 20년도 더 지난 일이다. 우리나라에서도 몇 년 전부터 이런 사고방식이 점점 확대되고 있다. 특히 문제가 되고 있는 것이 담배로, 기업체나 관공서에서까지 금연을 권장하는 추세이다.

　또한 몇몇 기업을 조사한 바에 의하면, 담배를 피우는 사람은 입사 초기에 아무리 의욕적으로 일하였다 해도 30세를 넘으면 업무 능력이 현저히 떨어지는 경향이 있다고 한다. 특히 기억력이 필요한 어학 학습능력이나 컴퓨터 등의 새로운 사무기기에 대한 대응능력이 둔해진다. 그 결과 출세 속도도 늦어지게 된다는 것이다.

　이렇게 말하면, 애연가 중에는 '담배를 피우면 두뇌가 상쾌하여 기분도 안정된다. 그럴 때는 기억력도 높아질 것이 틀림없다.'고 반론하고 싶은 사람도 있을 것이다.

　그러나 의학적으로 보면, 담배를 피워 머리가 상쾌해지는 것은 그 사람이 니코틴 중독증에 걸린 증거이며, 누구에게나 공통된 현상은 아니라고 한다.

250

담배에 함유된 니코틴에는 분명히 뇌를 흥분시키는 작용이 있다. 그러나 오랫동안 담배를 피우다 보면 뇌의 흥분은 일어나지 않게 되고 니코틴 중독 증상이 나타난다. 그래서 담배를 피우고 30~40분쯤 지나면 니코틴 금단 증상이 나타나는데, 그때 담배를 피우면 금단 증상이 해소된다. 이것을 머리가 상쾌해졌다거나 기분이 안정되었다고 착각하고 있을 뿐이라는 것이다.

특히 문제는, 담배를 피우면 혈관이 수축하여 뇌로 공급되는 혈류량이 감소한다는 것이다. 그 결과, 산소 부족 상태가 되어 뇌의 기능이 둔해지고, 집중력이나 기억력은 확실히 떨어지고 만다.

니코틴이 신체에 미치는 영향

담배 연기가 체내에 들어오면, 니코틴은 폐 속 깊숙이 들어와서 혈액 속으로 바로 흡수되어 심장과 뇌로 전달된다. 그래서 니코틴은 신체의 많은 부분, 즉 심장, 혈관, 호르몬 체계, 신진대사, 뇌 등에 영향을 미친다.

니코틴은 흡연자가 더 흡연을 하도록 하는 쾌감을 만들어내고 뇌세포 사이의 정보 전달을 방해함으로써 진정제 역할을 한다. 신경계가 니코틴에 적응함으로써 흡연자는 흡연량을 늘리게 되고 혈액 속에 니코틴 함량을 증가시킨다. 흡연자의 신체는 니코틴에 대한 약물 내성을 발달시키고 이것이 장기간에 걸친 흡연량의 증가로 이어진다. 결국 흡연자는 어느 정도의 니코틴 수준에 도달하기 위해서 섭취되는 니코틴의 양을 계속 증가시키려고 계속적으로 흡연하게 되는 것이다.

나에게 집중력만 있다면…

'나한테 집중력만 있다면, 이렇게 일에 시간을 뺏기지 않고 지금보다 더 충실한 하루하루를 보낼 수 있을 텐데…….'

'나도 그녀처럼 집중력이 있다면, 아마 공부를 잘 했을 텐데…….'

누구나 한 번쯤은 그런 생각을 해보았을 것이다. 이 책은 그런 바람에 따라 집중력을 발휘하기 위한 여러 가지 방법을 소개했는데, 끝으로 한 가지 주의해야 할 것이 있다.

대개 집중력이 있으면 공부나 일은 훨씬 잘 될 것이고, 반대로 집중력이 없으면 아무리 노력해도 능률이 오르지 않는다. 그것은 사실이다. 하지만 그렇다고 '집중력만 있으면 무엇이든 내 마음대로 될 것이다.' 라는 생각은 착각이다. 이것을 심리학적으로는 '강박관념'이라고 하는데, 집중력을 절대적인 것이라고 믿은 나머지 지나치게 얽매이는 데 불과하다.

집중력이란 그렇게 절대적인 것이 아니다. 집중력이 있다고 해서 뭐든 다 되는 것은 아니다. 무엇보다 소모되지 않고 영원히 유지될 수 있는 집중력이란 이 세상에 존재하지 않는다.

대개 일이나 공부가 잘 되지 않을 때는 무심코 '나에게는 집중력이 없다.' '집중력만 있다면……' 이라고 생각하기 마련이다. 하지만 그렇게 생각해봤자 아무 의미가 없다.

또한 '이토록 주의가 산만한 것은, 나에게 의지가 부족한 탓이다.' 라고 생각하는 사람도 있는데, 이 역시 마찬가지다. 자책이 너무 심하면 스스로 '쓸모없는 인간' 이라고 믿게 된다.

인간은 누구나 그렇듯이, 좋을 때가 있으면 나쁠 때도 있다. 특히 집중력은 육체적 피로와 밀접한 관련이 있다. 앞서 말했듯이, 대체로 60~90분 정도 경과하면 몸이 피곤해져서 집중력이 차츰 저하된다.

아무리 고도의 집중력을 유지하고 싶어도 누구나 기복이나 한계가 있는 법이다. 이것은 결코 그 사람의 의지가 부족해서가 아니다.

그러니 일단 '슬럼프에 빠졌을 때는 어떻게 할까?' 곰곰이 생각해보자. 누구에게나 찾아오는 우울증에 빠졌을 때는 어떻게 극복하고 집중력을 되살릴 것인가가 문제이다.

'집중력만 있다면……' '역시 나는 안 돼.' 라는 생각에 빠졌다면, 충분히 휴식을 취하고, 퇴근 후에 즐길 만한 취미를 만들거나 의욕이 샘솟을 만한 방법을 찾아보자. 기복은 있겠지만 집중력은 충분히 조절할 수 있다. 그것을 위한 방법은 이미 이 책에서 소개했다. 아무쪼록 독자의 건투를 빈다.

더 풍요로운 인생을 위하여

작업을 시작한다. 잠시 후, 어느새 딴 생각을 하고 있는 내 모습을 발견한다……. 참, 절묘한 시기에 나에게 주어진 이 책은 작업하는 동안에 '정말일까?'라는 궁금증과 '과연'이라는 감탄사 사이에서 오락가락하게 만들었다. 나이 많으신 분들이 본다면 버르장머리가 없다고 할지도 모르지만, 하루가 다르게 기억력이 감퇴되고 집중력이 떨어지는 것을 느끼던 나는 일종의 구원을 받는 기분으로 작업을 했다. 개중에는 따라하기 힘든 것도 있었지만, 어떤 것은 생활습관을 조금만 바꾸는 것만으로도 쉽게 실천할 수 있었다. 하지만 이 책을 읽으면서 얻은 가장 큰 소득은 마음가짐이 바뀐 것이 아닐까 싶다.

주의가 산만하다는 사실조차 의식하지 못하던 나, 그리고 주의력이 떨어져서 작업효율이 나쁘다는 사실조차 깨닫지 못하던 나는 집중해서 일하고 있는지, 효율적으로 일하고 있는지를 의식하는 나로 바뀌게 되었다.

언뜻 보기에는 별 것 아니지만, 자신이 지금까지 어떤 자세로 일을 해왔는지 뒤돌아볼 수 있었고, 더 나아가서는 지금의 나를 비춰볼 수가 있는 계기가 되었다. 그것만으로도 큰 수확인 것이다.

이 책을 읽다보면 한번쯤 시도해보고 싶은 내용들이 참 많다. 이를테면,<의욕을 이끌어내는 16가지 집중 비결>편에 나오는 '15. 하던 일을 일부러 조금 남겨두고 중단하라'에서처럼 일이 잘 될 때 일을 그만둬본다거나(사실 일이 잘 될 때 그만두는 것은 좀처럼 쉽지 않지만),<집중력을 향상시키는 14가지 비결>편의 '8. 책상이 놓인 위치를 점검하라'에서처럼 책상과 의자의 위치를 바꿔본다. 또한, 주의력이 떨어져서 글이 잘 안 읽히거나 정신이 산만할 때는 <집중력을 회복시키는 9가지 비결>편의 '4. 기분전환이 필요하면 일어서서 하라'에 나온 것처럼 서서 책을 읽어본다.<집중력 강화를 위한 일상 속의 11가지 비결>편의 '5. 항상 실전이라 생각하고 작업에 임하라'와 같이, 긴장감이 부족하고 작업에 대한 집중도가 떨어질 때는 실전이라고 생각하고 작업에 임하면 다시 긴장감이 생기고 집중력을 높일 수 있을 것이다.

어쩌면 책을 읽다가 시시하다고 느낀 내용도 있었을지 모른다. 일례로, 찬물로 세수를 한다거나, 껌을 씹는 부분 등에서는 말이다. 하지만 정신을 차리기 위해 무심코 했던 행동들에 과학적인 근거가 뒷받침되면, 거기에 무게가 실려 자신이 한 행동에 정당성이 부여되고 신뢰가 싹튼다. 그러면 똑같이 찬물에 세수를 하고 껌을 씹어도 더 큰 효과를 볼 수 있을 것이다.

우리는 살면서 '시간이 조금만 더 많았더라면······.' 하는 생각을 자주 한다. 하지만 주어진 시간은 한정되어 있기 때문에, 각자 효율적으로 시간을 쪼개 써야 한다. 이럴 때, 집중력을 발휘하여 일을 처리할 수 있다면 시간을 좀더 효율적으로 활용할 수 있을 것이다. 시간적인 여유가 생겨서 개인적인 시간의 비중이 늘어나면, 우리네 인생도 더 풍요로워지지 않을까?

그러니 처음부터 '난 집중하지 않고 느긋하게 살래.' 라고 하지 말고, 집중력을 기르는 방법에 귀를 열어서 경청해보기를 바란다. 분명 얻는 것이 있을 테니까.

전경아